PERÍCIA JUDICIÁRIA

COMENTANDO OS DISPOSITIVOS DO PROCESSO CIVIL

CÁSSIO BENVENUTTI DE CASTRO

Sérgio Cruz Arenhart
Prefácio

PERÍCIA JUDICIÁRIA

COMENTANDO OS DISPOSITIVOS DO PROCESSO CIVIL

Belo Horizonte

FÓRUM
CONHECIMENTO JURÍDICO

2023

© 2023 Editora Fórum Ltda.

É proibida a reprodução total ou parcial desta obra, por qualquer meio eletrônico, inclusive por processos xerográficos, sem autorização expressa do Editor.

Conselho Editorial

Adilson Abreu Dallari
Alécia Paolucci Nogueira Bicalho
Alexandre Coutinho Pagliarini
André Ramos Tavares
Carlos Ayres Britto
Carlos Mário da Silva Velloso
Cármen Lúcia Antunes Rocha
Cesar Augusto Guimarães Pereira
Clovis Beznos
Cristiana Fortini
Dinorá Adelaide Musetti Grotti
Diogo de Figueiredo Moreira Neto (*in memoriam*)
Egon Bockmann Moreira
Emerson Gabardo
Fabrício Motta
Fernando Rossi
Flávio Henrique Unes Pereira
Floriano de Azevedo Marques Neto
Gustavo Justino de Oliveira
Inês Virgínia Prado Soares
Jorge Ulisses Jacoby Fernandes
Juarez Freitas
Luciano Ferraz
Lúcio Delfino
Marcia Carla Pereira Ribeiro
Márcio Cammarosano
Marcos Ehrhardt Jr.
Maria Sylvia Zanella Di Pietro
Ney José de Freitas
Oswaldo Othon de Pontes Saraiva Filho
Paulo Modesto
Romeu Felipe Bacellar Filho
Sérgio Guerra
Walber de Moura Agra

CONHECIMENTO JURÍDICO

Luís Cláudio Rodrigues Ferreira
Presidente e Editor

Coordenação editorial: Leonardo Eustáquio Siqueira Araújo
Aline Sobreira de Oliveira

Rua Paulo Ribeiro Bastos, 211 – Jardim Atlântico – CEP 31710-430
Belo Horizonte – Minas Gerais – Tel.: (31) 99412.0131
www.editoraforum.com.br – editoraforum@editoraforum.com.br

Técnica. Empenho. Zelo. Esses foram alguns dos cuidados aplicados na edição desta obra. No entanto, podem ocorrer erros de impressão, digitação ou mesmo restar alguma dúvida conceitual. Caso se constate algo assim, solicitamos a gentileza de nos comunicar através do *e-mail* editorial@editoraforum.com.br para que possamos esclarecer, no que couber. A sua contribuição é muito importante para mantermos a excelência editorial. A Editora Fórum agradece a sua contribuição.

Dados Internacionais de Catalogação na Publicação (CIP) de acordo com ISBD

C355p	Castro, Cássio Benvenutti de
	Perícia judiciária: comentando os dispositivos do processo civil / Cássio Benvenutti de Castro. - Belo Horizonte : Fórum, 2023.
	147p.; 14,5cm x 21,5cm.
	ISBN: 978-65-5518-530-0
	1. Direito. 2. Direito civil. 3. Processo civil. 4. Processo. 5. Prova. 6. Perícia. 7. Decisão. 8. Processo Penal. 9. TGP. I. Título.
	CDD 347
	CDU 347
2023-714	

Elaborado por Vagner Rodolfo da Silva - CRB-8/9410

Informação bibliográfica deste livro, conforme a NBR 6023:2018 da Associação Brasileira de Normas Técnicas (ABNT):

CASTRO, Cássio Benvenutti de. *Perícia judiciária*: comentando os dispositivos do processo civil. Belo Horizonte: Fórum, 2023. 147 p. ISBN 978-65-5518-530-0.

O livro é dedicado a todas as pessoas que foram injustiçadas por uma perícia judiciária "não valorada", "sobrevalorada" ou "subvalorada" – o que contraria o direito fundamental ao processo justo.

AGRADECIMENTOS

Gratidão

Deus Santo, Deus Forte, Deus Imortal – tende piedade de nós e do mundo inteiro!

Agradeço aos meus familiares, que são a causa e a consequência da minha esperança: Maria Ivone Benvenutti Castro, Flávio Jorge Ferreira de Castro, Fábio Benvenutti Castro, Rosane Benvenutti Castro, Filipe Menegon, Helena Cordeiro Castro, Vitória Cordeiro Castro e Bruna Cordeiro Castro.

Muito obrigado à equipe de trabalho da 2ª Vara Cível da Comarca de Cachoeirinha, órgão judiciário no qual estou lotado como Juiz Titular e que abarca um verdadeiro time de guerreiros no compromisso do "adimplemento civil". Saúdo nominalmente: Jurandir Dalpiaz, Larissa Dalpiaz, Patrícia Lourenci dos Santos, Pedro Henrique Cunha Martini, Cinthia Soares Barbosa, Matheus Marcowich da Silveira, Jocelaine de Lima Huber, Ronaldo Júnior de Andrades Araújo, Julia da Rosa Ramos, Julianne Marnatti Paupério Moraes, Marcelo Guterres Rodrigues, Amanda Caroline Freitas de Melo e Jarzinski dos Santos Martins.

Agradeço à minha eterna amiga, Jaqueline Buttelli, Diretora do Departamento de Biblioteca do TJRS, que auxiliou significativamente na pesquisa, alcançando textos e livros de difícil acesso.

Muito obrigado ao Professor Sérgio Cruz Arenhart, que gentilmente dedicou um pouco do tempo da sua lotada agenda para elaborar o prefácio. Além de competente profissional e professor, trata-se de homem transparente e acolhedor, sempre disposto a encorajar e a fomentar a busca pelo conhecimento. Professor Sérgio, o fato de ser seu aluno é privilégio para poucos, o advento desse prefácio me permite agradecer por todos os tempos.

O prazer verdadeiro é coisa séria.

Tudo fica sério quando se faz com amor – porque é verdadeiro.

SUMÁRIO

PREFÁCIO
Sérgio Cruz Arenhart..13

INTRODUÇÃO 17

Art. 464. A prova pericial consiste em exame, vistoria ou avaliação....19
1   A ciência para dentro do Processo Civil (cabimento da perícia
     judiciária)...19
1.1 A natureza jurídica da perícia judiciária (duas correntes)......22
1.2 A polissemia da perícia judiciária 24
1.3 As espécies não taxativas de perícias judiciárias 24
1.4 A probabilidade estatística...26
1.5 A cadeia de custódia da fonte de prova em caso de perícia judiciária...31
2   As fases do procedimento probatório (admissibilidade, produção e
     valoração da perícia judiciária). Em especial: a admissibilidade da
     perícia judiciária. Entre o paradoxo e a falsa perícia................35
2.1 A racionalidade científica como critério de eficiência da prova
     pericial. Dois sistemas jurídicos e uma funcionalidade epistêmica.
     Aproximação dogmática: a concepção estática e a concepção
     dinâmica...44
2.2 A desnecessidade da perícia judiciária.......................................46
2.3 O ponto de inflexão. A perícia judiciária indireta....................48
3   A prova técnica simplificada em substituição à perícia judiciária.........50
3.1 A aproximação entre o especialista e a *expert witness*.
     Um testemunho qualificado no processo civil 51
3.2 A formação acadêmica do especialista e os recursos auxiliares que
     podem ser utilizados na produção da prova técnica simplificada.........52

Art. 465. O juiz nomeará perito especializado no objeto da perícia e
fixará de imediato o prazo para a entrega do laudo.............................53
1   A habilitação profissional do perito. Lacuna técnica (*compliance*) e
     decorrente equiparação qualitativa entre o perito nomeado pelo
     Juízo e o assistente técnico 53
2   A produção da prova pericial: o procedimento probatório
     (abordagem analítica) e o modelo dialógico-responsivo
     (abordagem hermenêutica). Em especial: *witness conferencing*

	ou *hot tubbing*	57
2.1	A produção antecipada da prova (produção autônoma da prova)	63
3	Intimação do despacho de nomeação do perito e movimento das partes	65
4	A manifestação do perito ciente da nomeação	65
5	As partes se manifestarão sobre a proposta de honorários	66
5.1	O juízo arbitrará o valor dos honorários periciais	66
5.2	Honorários periciais e benefício da justiça gratuita	67
5.3	O pagamento parcelado dos honorários arbitrados	68
5.4	A redução proporcional dos honorários do perito	69
5.5	Dinamização do ônus da prova e adiantamento dos honorários do perito	69
5.6	A perícia realizada em outro juízo (carta precatória). A teleperícia	70

Art. 466. O perito cumprirá escrupulosamente o encargo que lhe foi cometido, independentemente de termo de compromisso. 72

1	Os deveres do perito nomeado pelo juízo (seriedade e responsabilidade)	72
2	Os assistentes técnicos nomeados pelas partes (em busca do equilíbrio das posições processuais com a finalidade epistêmica)	73
3	O direito de não surpresa no procedimento probatório	76

Art. 467. O perito pode escusar-se ou ser recusado por impedimento ou suspeição. 79

1	A imparcialidade do perito nomeado pelo juízo (reducionismo ou não presuntivismo). O perito nomeado pelo juízo, o assistente técnico e o jeitinho brasileiro (*mindset approach*)	79
1.1	A escusa do perito nomeado pelo juízo	86
1.2	A recusa do perito do juízo por impedimento ou suspeição	86
1.3	A razoabilidade do magistrado para avaliar a escusa ou recusa do perito nomeado pelo juízo	87

Art. 468. O perito pode ser substituído quando: 88

1	A substituição do perito nomeado pelo juízo	88
1.1	A falta de conhecimento técnico (falta de proficiência ou potencial imperícia	90
1.2	A quebra da expectativa. Causa exemplificativa	92
1.3	A transcendência processual da substituição do perito	92
1.4	A restituição dos valores recebidos e a *capitis deminutio* institucional	93
1.5	A cobrança incidental dos valores adiantados ao perito substituído	93

Art. 469. As partes poderão apresentar quesitos suplementares durante a diligência, que poderão ser respondidos pelo perito previamente ou na audiência de instrução e julgamento. 95

1   A apresentação de quesitos suplementares durante a diligência.

    Prazo impróprio e salvaguarda do contraditório material 95
2   A resposta do perito previamente ou em audiência de instrução e julgamento 96

Art. 470. Incumbe ao juiz: 97
1   O indeferimento de quesitos impertinentes 97
2   O juiz formulará quesitos que entender necessários 98

Art. 471. As partes podem, de comum acordo, escolher o perito, indicando-o mediante requerimento, desde que: 99
1   O negócio processual típico para a escolha do perito 99
1.1   As causas de nulidade do negócio processual 100
1.2   Negócio jurídico progressivo 101
1.3   A escolha consensual do perito é diferente de perícia consensual 101

Art. 472. O juiz poderá dispensar prova pericial quando as partes, na inicial e na contestação, apresentarem, sobre as questões de fato, pareceres técnicos ou documentos elucidativos que considerar suficientes. 103
1   Negócio processual dinamizado 103

Art. 473. O laudo pericial deverá conter: 107
1   Os requisitos do laudo pericial (consistência e coerência) 107
1.1   A aceitação geral da comunidade científica (método utilizado como demarcação da cientificidade) 108
1.2   A linguagem simples e a congruência do laudo pericial 110
1.3   O poder de acesso às fontes de prova 110

Art. 474. As partes terão ciência da data e do local designados pelo juiz ou indicados pelo perito para ter início a produção da prova 112
1   A técnica processual a serviço da tutela do direito 112

Art. 475. Tratando-se de perícia complexa que abranja mais de uma área de conhecimento especializado, o juiz poderá nomear mais de um perito, e a parte, indicar mais de um assistente técnico. 114
1   Complexidade da fonte de prova e nomeação de equipe multidisciplinar. *Expert teaming* 114

Art. 476. Se o perito, por motivo justificado, não puder apresentar o laudo dentro do prazo, o juiz poderá conceder-lhe, por uma vez, prorrogação pela metade do prazo originalmente fixado. 116
1   A prorrogação do prazo para a entrega do laudo pericial 116

Art. 477. O perito protocolará o laudo em juízo, no prazo fixado pelo juiz, pelo menos 20 (vinte) dias antes da audiência de instrução e julgamento. 117
1   A entrega do laudo no órgão judiciário 117
1.1 A transparência e a publicização do laudo pericial. Necessidade da intimação do advogado e do assistente técnico 118
1.2 O perito nomeado deve esclarecer os pontos suscitados 119
1.3 O comparecimento do perito oficial e dos assistentes técnicos em audiência de instrução e julgamento 120

Art. 478. Quando o exame tiver por objeto a autenticidade ou a falsidade de documento ou for de natureza médico-legal, o perito será escolhido, de preferência, entre os técnicos dos estabelecimentos oficiais especializados, a cujos diretores o juiz autorizará a remessa dos autos, bem como do material sujeito a exame. 121
1   A perícia efetuada por estabelecimentos oficiais especializados 121
2   A hipótese da gratuidade da justiça 122
3   O exame para reconhecimento de escritos (técnica grafológica) 122

Art. 479. O juiz apreciará a prova pericial de acordo com o disposto no art. 371, indicando na sentença os motivos que o levaram a considerar ou a deixar de considerar as conclusões do laudo, levando em conta o método utilizado pelo perito. 124
1   O mito da supremacia semântica e epistêmica da perícia 124
1.1 O laudo como discurso que esclarece um *standard* científico ou técnico 126
1.2 A valoração da prova pericial 130

Art. 480. O juiz determinará, de ofício ou a requerimento da parte, a realização de nova perícia quando a matéria não estiver suficientemente esclarecida. 136
1   O esclarecimento suficiente (*standard* científico) 136
1.1 A segunda ou a terceira perícia (em busca da suficiência para corroboração das hipóteses) 138
1.2 A coexistência das perícias realizadas 140

REFERÊNCIAS 143

PREFÁCIO

Com grande alegria que apresento a presente obra, do professor e magistrado Cássio Benvenutti de Castro, a respeito da prova pericial, à comunidade jurídica.

Sabemos que o direito probatório ainda é um campo inóspito para grande parte dos profissionais do Direito e, até mesmo, para muitos processualistas. Tem-se a impressão (falsa) de que o direito probatório é uma área estéril, em que as regras do processo são insuficientes para governar a formação da convicção do juiz ou a correta determinação dos fatos. Mais do que isso, tem-se a errônea ideia de que as regras sobre prova se prestariam para afastar o juiz da realidade, criando uma "realidade paralela" (a dos autos) que, por essência, não corresponderia à verdade do ocorrido.

Tudo isso faz com que, muitas vezes, o tema da prova seja menosprezado pela doutrina. Todavia, essas percepções escondem um gigantesco erro de premissa. O grande problema dessas ideias é imaginar que as regras de prova servem para informar o juiz como ele deve formar sua convicção ou como a realidade deve ser encontrada. Como é óbvio – e como já demonstrado por tantos juristas inúmeras vezes – as regras sobre prova jamais poderiam assumir essa função, até porque é impossível para o Direito governar o convencimento íntimo do juiz ou estabelecer a forma pela qual a verdade deve ser "revelada". Isso talvez seja alvo da psicologia, da sociologia ou da filosofia.

O papel das regras sobre prova é muito menos pretensioso, mas ainda assim fundamental. Pretendem elas estabelecer os critérios válidos de apropriação de vestígios do passado pelo processo e, o que é muito mais importante, pretendem fixar a validade dos argumentos empregados para a justificação da decisão judicial a respeito dos fatos. Vale dizer: o processo não é capaz de governar a forma pela qual o juiz se convence a respeito dos fatos da causa; todavia, pode sim esclarecer se os argumentos empregados pelo juiz para afirmar que um fato ocorreu são ou não são válidos. Trata-se, por isso, de um sofisticado sistema de controle da justificação judicial. O mesmo papel desempenhado pelo art. 489, §§1º e 2º, do CPC, para o controle da justificação no campo das questões de direito, é exercido pelas regras sobre prova no campo da determinação dos fatos.

Daí a sua importância essencial.

Como parece ser óbvio, essa importância é ainda mais alta quando se examina a força de provas que, tradicionalmente, têm sido vistas como praticamente inafastáveis por parte do órgão jurisdicional, tal como ocorre com a prova pericial. De fato, há hoje uma percepção quase que unânime de que a justificação judicial a respeito dos fatos tem um limite intransponível: o conhecimento técnico, que é um dado já oferecido por um sujeito externo, por um especialista. Se o perito reconhece um fato como verdadeiro ou como falso, esse é praticamente um espaço excluído da análise crítica das partes e do juiz. Ainda que as regras insistam em dizer o contrário, fato é que o juiz raramente encontra ambiente para afastar-se das conclusões periciais, transformando a determinação dos fatos técnicos, na prática, um ambiente exclusivo do especialista.

No entanto, essa compreensão instalada no imaginário processual tem-se revelado, pouco a pouco, manifestamente errada. A suposição de que o conhecimento técnico seja um espaço hermético ou de que ele revele sempre uma conclusão unívoca, compartilhada por todos os especialistas, é claramente fruto de uma compreensão já vencida. Hoje se sabe que o conhecimento científico também é passível de vieses e de divergência entre os especialistas. Também por isso, o conhecimento técnico não pode ser tido como um "dado", mas sim como um "construído", que deve ser objeto do devido diálogo e da necessária avaliação crítica dos sujeitos processuais.

E por isso as regras sobre prova técnica têm devolvida a sua importância. Não são meras formalidades, empregadas para que o perito exerça a sua parte na determinação dos fatos. São, sobretudo, ferramentas indispensáveis para o controle da justificação técnica do processo e para o adequado exercício do diálogo sobre esses fatos e sobre a sua posterior justificação.

Nesse ponto, o livro que agora apresento oferece perspectiva imprescindível. A partir de uma visão moderna e da mais abalizada doutrina, a obra enfrenta as regras sobre a prova pericial, comentando-as uma a uma. Sob o olhar crítico de um autor que é também magistrado, o livro desconstrói a ideia de que a prova pericial seja superior aos outros meios de prova ou seja uma prova inquestionável. Também, a partir daí, estrutura um modelo de aplicação dessa prova que seja adequado a enfrentar o grave problema da *junk science* e da epistemologia do conhecimento técnico.

Por tudo isso, o livro dá vários passos adiante na análise séria da prova técnica. Constitui importante obra para quem deseja enfrentar de forma atual, crítica e aprofundada o tema, saindo daquele vetusto exame do assunto a partir, apenas, de uma perspectiva positiva. Enfatizando a importância da metodologia da colheita e da avaliação da perícia, o livro muda a perspectiva clássica da abordagem da prova técnica, enaltecendo a relevância do cuidado na produção da prova e no exercício do contraditório sobre sua realização. E, nessa ótica, o livro já revela sua importância.

Por tudo isso, tenho a grata alegria de recomendar vivamente a leitura deste livro. Muito mais do que um simples agregado de comentários a respeito das regras do CPC sobre a prova técnica, esta obra representa a leitura moderna e crítica desse importante meio de prova. E, por isso, tem seu espaço garantido na melhor doutrina processual.

Espero que o leitor encontre aqui o porto seguro para trabalhar, estudar e aplicar esse complexo meio de prova, com a mesma satisfação que tive ao ler as linhas traçadas pelo Doutor Cássio, a quem, desde já, saúdo efusivamente. Uma ótima leitura e seja, caro leitor, muito bem-vindo aos novos horizontes da prova pericial!

Curitiba, primavera de 2022.

Sérgio Cruz Arenhart
Professor da UFPR.

INTRODUÇÃO

O direito probatório é um capítulo do processo civil que apresenta constantes novidades, seja por ocasião da globalização, seja pela influência da internet, seja pelas funcionalidades hauridas do direito comparado. O Código de Processo Civil (CPC) estabelece uma cláusula de abertura (art. 369) que mantém latente a possibilidade do aproveitamento de inéditos meios de prova. Em decorrência, essa plasticidade implica em novas maneiras de tratar as evidências enquanto justificativas válidas para a tomada de decisão com força epistêmica.

A perícia judiciária, em especial, padece de um mito e de um paradoxo.

O mito é considerar a perícia como um meio de prova mais confiável que as demais provas, atribuindo-lhe uma força semântica mais robusta e que não permitiria impugnações ou contraprovas. O paradoxo concerne ao papel do juiz perante a perícia – ele não pode desafiar o achado pericial simplesmente porque não concorda com o resultado do laudo, inclusive, pelo fato de que o juiz não está preparado técnica e cientificamente para investir contra a conclusão técnica de uma perícia (art. 375).

Os comentários levam em conta essas duas verdadeiras problemáticas.

A perícia judiciária deve ser examinada em sua metodologia, para verificar se realmente houve a elaboração de uma "perícia qualificada" cientificamente. Quer dizer, o próprio sistema de normas estabelece diretrizes para otimizar o trabalho do profissional – seja o experto nomeado pelo juízo, seja ele nomeado pelas partes em negócio processual. Atualmente, chega a ser possível desjudicializar a perícia, designar uma segunda ou terceira perícia, além de o ordenamento jurídico assinalar o acompanhamento dos trabalhos com toda a publicidade que a perícia enseja, na medida em que se trata de ato processual que implica grande influência no contexto probatório e como fator de convencimento do juiz.

A contribuição decorrente do ensaio é pertinente à atuação do assistente técnico e referente à valoração da perícia – em outras palavras, como atacar uma perícia judiciária ou como deve ser valorada a perícia?

O Código de Processo Civil expressamente revaloriza o assistente técnico, que também passa a protagonizar e a legitimar a perícia, fiscalizando os trabalhos e atuando *pontualmente na discussão da margem de erro dos achados*. A praxe judiciária permite antever que partes e assistentes técnicos repetem quesitos e insistem que o perito chegue a uma determinada conclusão. Contudo, esse movimento bastante tradicional consiste em uma atuação pouco eficiente na atualidade, levando em conta que o ponto nodal da discussão está na "margem de erro" da perícia destacada.

No processo contemporâneo, democrático e público por excelência, a estratégia argumentativa é entregar para o juiz um *"checklist"* de fatores que permitem escrutinar o trabalho do perito, de maneira que o juiz seja um autêntico *"gatekeeper"* que deve admitir e valorar a "boa perícia". Com efeito, os dispositivos da legislação pautam efetivas ferramentas para valorar a metodologia de trabalho do perito. Nesse sentido, os velhos argumentos de autoridade como "a perícia oficial prevalece sobre o laudo do assistente da parte" já não condizem com as diretrizes do Estado Constitucional.

A perícia judiciária aparece no processo como um *"standard"* científico, como um apanhado da ciência limitado no tempo e no lugar processual – sendo que o laudo consiste em seu respectivo discurso, o reflexo narrativo da prova pericial. As partes e os assistentes técnicos dispõem de técnicas processuais para que seus argumentos sejam ouvidos, atendidos, de maneira a *influenciar a decisão que não é meramente homologatória de um achado pericial* (no antigo modelo de delegação da jurisdição), mas produto de uma evolução compromissada com a verdade possível e suficiente para a solução da disputa prática e racional entre os interessados.

Art. 464. A[1] prova[1.1] pericial[1.2] consiste em exame[1.3], vistoria[1.4] ou avaliação[1.5].

§1º O juiz indeferirá[2] a perícia quando[2.1]:

I – a prova do fato não depender de conhecimento especial de técnico;

II – for desnecessária em vista de outras provas produzidas[2.2];

III – a verificação for impraticável[2.3].

§2º De ofício ou a requerimento das partes, o juiz poderá, em substituição à perícia, determinar a produção de prova técnica simplificada, quando o ponto controvertido for de menor complexidade[3].

§3º A prova técnica simplificada consistirá apenas na inquirição de especialista, pelo juiz, sobre ponto controvertido da causa que demande especial conhecimento científico ou técnico[3.1].

§4º Durante a arguição, o especialista, que deverá ter formação acadêmica específica na área objeto de seu depoimento, poderá valer-se de qualquer recurso tecnológico de transmissão de sons e imagens com o fim de esclarecer os pontos controvertidos da causa[3.2].

1 A ciência para dentro do Processo Civil (cabimento da perícia judiciária)

A alegação sobre uma questão de fato é submetida ao raciocínio probatório que deve levar em conta a hipótese suscitada pelo interessado, o meio de prova relevante e a inferência que resultam na tomada da decisão. O julgador se vale dos conhecimentos de senso comum (máximas de experiência) para chegar a uma conclusão racional. As máximas de experiência são embasadas no empirismo resultante de vários casos similares já acontecidos, ou tem por base conhecimentos técnicos (científicos) já disseminados na convivência das relações humanas – não raramente, a própria legislação predispõe soluções, em termos de presunção de resultado do raciocínio sobre a prova, que refletem o que geralmente acontece (*id quod plerumque accidit*) e conduzem legislativamente o julgador a uma conclusão (STEIN, 1990, p. 22).

Por exemplo, no caso concreto de um automóvel colidir na traseira de outro, o magistrado invoca o art. 29, II, do Código de Trânsito Brasileiro (CTB) para inferir que a responsabilidade é do condutor do veículo que transitava atrás do colidido. Ocorre que a regra positivada no CTB pode ser derrotada por outra noção de senso comum que o próprio Código estabelece. Ou seja, a presunção de responsabilidade do condutor do veículo que colidiu na traseira pode ser afastada na hipótese em que o motorista do automóvel colidido não atender aos cuidados previstos no art. 35 do CTB, na medida em que "antes de iniciar qualquer manobra que implique um deslocamento lateral, o condutor deverá indicar seu propósito de forma clara e com a devida antecedência, por meio da luz indicadora de direção de seu veículo, ou fazendo gesto convencional de braço". O próprio sistema jurídico adverte que o condutor do veículo da frente deve ter cuidados para efetuar uma conversão, do contrário, caso haja uma colisão, a inteligência conjugada dos art. 28, II e 35, ambos do CTB, permite inferir que o condutor do veículo da frente seja o responsável pelo acidente de trânsito. O raciocínio teve início no empirismo e acabou positivado na legislação.

Na maioria dos processos, é permitido que o juiz se oriente pelo seu conhecimento empírico ou pelo *conhecimento técnico disseminado à universalidade de pessoas* para chegar, ele mesmo, ao raciocínio probatório sem apelo à perícia. De outro lado, em situações nas quais o arcabouço de conhecimento da coletividade não resolve satisfatoriamente a questão, torna-se necessário o recurso à ciência para dentro do processo civil. O art. 375 do Código de Processo Civil pontua que "o juiz aplicará as regras de experiência comum subministradas pela observação do que ordinariamente acontece e, ainda, as regras de experiência técnica, ressalvado, quanto a estas, o exame pericial". Afinal, "o juiz será assistido por perito quando a prova do fato depender de conhecimento técnico ou científico" (art. 156 do CPC). Em outras palavras, quando a alegação de fato abarca algo que *não ordinariamente acontece, ou algo que depende de conhecimento especializado de determinado compartimento científico para ser desvendado*, a perícia judiciária deve ser invocada, porque ela traz para o processo conhecimento extrajurídico que respalda o raciocínio probatório. Michele Taruffo assinala que o raciocínio probatório do juiz é resultante, "em larga medida, do senso comum: ele é *context-laden* e profundamente *situated* na cultura e na experiência do lugar e do tempo da decisão. Pode-se até dizer, com boas razões, que o senso comum *está em todo* o raciocínio do juiz" (TARUFFO, 2001, p. 102-103).

A racionalidade do juiz é extraída do seu conhecimento enquanto indivíduo inserido em uma tradição, em uma comunidade com espaço e tempo definidos na evolução jurídica e científica do conhecimento. Todavia, existe uma "notável expansão das possíveis ocasiões em que a ocorrência de um fato relevante no processo pode ser verificada com base em conhecimentos científicos ou mediante o recurso a métodos de indagação científica". Isso enseja a oportunidade frequente de se socorrer da ciência, bem como de afastar ideias vagas decorrentes do senso comum (TARUFFO, 2001, p. 114). Em resumo, quando o conhecimento vulgar (o juiz é leigo em termos de ciência não jurídica) não tiver condições de se desenvolver a uma inferência probatória, a perícia judiciária é necessária para a eficiência do processo. Questões fáticas singelas, como o referido acidente de trânsito, podem ser apreciadas por intermédio do depoimento de testemunhas, depoimentos pessoais e observação do local do sinistro cotejada à posição dos automóveis indicada em croqui.

Em contrapartida, a ciência para dentro do processo é imprescindível para socorrer a falta de conhecimento qualificado do magistrado. No precedente *Kyllo v. United States*, 533 U. S. 27 (2001), a Suprema Corte americana concluiu que a utilização de mecanismos tecnológicos de acesso restrito, que são aqueles ainda não disseminados ou destravados ao alcance tradicional da comunidade em geral, não pode ser objeto de devassa sem a autorização judiciária para a realização de perícia. Não basta que o juiz tenha conhecimentos privados aprofundados no campo da informática e saiba desbloquear um aparelho celular ou *notebook*, a margem do conhecimento não jurídico deve ser desempenhada por profissional habilitado para tanto. O conhecimento científico merece uma deferência por parte do processo civil. Em interpretação também aplicável ao direito brasileiro, a reserva jurisdicional deve sopesar a relevância da prova em relação à proteção da intimidade. "Fundamentos determinantes", semelhantes ao precedente americano, foram utilizados pelo Superior Tribunal de Justiça para não permitir que a apreensão de *notebooks, smartphones* ou demais objetos tecnológicos sejam devassados sem a autorização judicial, que legitima a prova por intermédio da perícia judiciária. Com fundamento no art. 6º, II, do Código de Processo Civil, em autuações por tráfico de entorpecentes, estava sendo natural que a autoridade policial efetuasse a apreensão de objetos dos suspeitos e automaticamente efetuasse o "destravamento ou desbloqueio" desses aparelhos para aprofundar a investigação.

Sobre caso análogo, o Superior Tribunal de Justiça se pronunciou e "considera ilícita a prova obtida diretamente dos dados constantes de aparelho celular, decorrentes do envio e/ou recebimento de mensagens de texto SMS, conversas por meio de programas ou aplicativos (*WhatsApp*), mensagens enviadas e/ou recebidas, por meio de correio eletrônico, decorrentes de flagrante, sem prévia autorização judicial"

(STJ, AgRg no HC 609842/SP, Quinta Turma, Relator Ministro Felix Fischer, DJ 15.12.2020). Outro julgado autoexplicativo sustenta a ilicitude da "devassa de dados, bem como das conversas de *WhatsApp*, obtidas diretamente pela polícia em celular apreendido no flagrante, sem prévia autorização judicial" (STJ, RHC 51.531/RO, Sexta Turma, Relator Ministro Néfi Cordeiro, DJ 19.04.2016).

As alegações sobre fatos que levam a uma conclusão *independente do conhecimento técnico* podem ser examinadas pelo magistrado, que se vale das *máximas da experiência comum* para o raciocínio probatório. De outro lado, quando é necessário um saber especializado – *não disseminado pelo senso comum, tampouco um conhecimento privado do juiz* –, para desvendar algum aspecto probatório, tem cabimento a perícia judiciária, na hipótese dos fatos subjacentes serem relevantes para resolução do processo.[1]

1.1 A natureza jurídica da perícia judiciária (duas correntes)

A natureza jurídica da perícia influencia diretamente na eficiência do controle sobre a admissibilidade, a produção e a tomada de decisão sobre a alegação de fato. Possível distinguir dois pensamentos a respeito do tema. A dogmática do século XX (a) emplacou forte influência dos estudos de Pontes de Miranda, para quem a perícia seria um trabalho especializado que assiste o juiz (PONTES DE MIRANDA, 1996, p. 473). Quer dizer, o trabalho do perito é quase algo "não derrotável". O problema dessa construção é que se chegou ao ponto de centrar toda a atividade de internalizar a ciência para dentro do processo, como se fosse algo conceitual e sistêmico aos limites de formação do próprio perito. Em decorrência, as alusões do perito seriam consideradas "verdades absolutas", "repudiando os novos argumentos científicos de outros pares" e "fixando balizas em autênticas corporações de saber" que flertassem com a simpatia do juízo.

A ideia não se compatibiliza com a celeridade de maleabilidade da ciência no mundo contemporâneo. No regime de autorrestrição

---

[1] Um caso interessante que aconteceu na prática ocorreu em processo no qual se postulava a anulação de questões objetivas de concurso público para Delegado de Polícia. O magistrado precisa de perícia para a análise das questões, ou ele mesmo pode ponderar sobre as respostas (na eventualidade de avançar sobre a discrição administrativa)? A questão não é tão simples, mas pelos julgados analisados, em se tratando de matérias que o julgador conhece e que chegam a ser requisitos para a nomeação no cargo de juiz, ele pode "julgar" o acerto do gabarito dispensando perícia – que geralmente é a apresentada por professores de cursos para aprovação em concursos.

deferencial ao perito nomeado pelo juiz, até se parte do princípio de que o profissional tem habilitação e credibilidade para produzir um raciocínio probatório satisfatório, mas isso não o coloca à margem de controle e, muito menos, retira da perícia o caráter de prova judiciária, que deve ser confrontada com o conjunto de outros meios de prova do caderno processual.

O perito é um auxiliar da Justiça e o art. 156 do Código de Processo Civil assinala que "o juiz será assistido por perito" – ocorre que a assistência não elide outros achados científicos, até pelo fato de que a "assistência" positivada no Código é opinativa, tem o sentido de "auxílio" mesmo, não quer dizer que a conclusão do perito seja sucedânea da valoração da prova efetuada pelo magistrado. Inclusive, a doutrina contemporânea (b) reputa a perícia judiciária como um meio de prova como qualquer outro, que deve passar por um juízo de admissibilidade, produção em contraditório e valoração judicial. Evidente que o perito traz ao processo uma opinião sobre as fontes de prova (pessoas ou coisas observadas), cujo conteúdo é uma informação qualificada, mas essa peculiaridade não lhe distancia dos outros meios de prova – do contrário, o perito acabaria julgando o processo em uma indesejável delegação da jurisdição.

O modelo atual na produção da perícia judiciária fomenta o contraditório, que deve ter a intensa participação dos assistentes técnicos e denota que o juiz não fica adstrito às constatações do perito oficial. Não existe ou não pode existir o vetusto argumento de autoridade para assimetrizar o perito nomeado pelo juiz em relação aos assistentes técnicos. O foco da perícia é a sua funcionalidade científica, o que destoa de um sistema firmado em bases meramente "conceituais" do milênio passado. O Enunciado 50 do FPPC[2] pontua que "os destinatários da prova são aqueles que dela poderão fazer uso, sejam juízes, partes ou demais interessados, não sendo a única função influir eficazmente na convicção do juiz". A conformação de meios de prova e informações relevantes ao processo, portanto, arrefecem a força hermética de um antigo diálogo ou coligação conceitual entre o perito de confiança e o juiz. O que mais importa é a inserção de uma ciência séria e comprometida com o processo e com as instituições, de maneira que o conjunto de informações (independente de quem as internalize nos autos) seja utilizado para entregar uma ótima tutela do direito.

---

[2] Fórum Permanente de Processualistas Civis.

A perícia judiciária contemporânea "é um meio de prova que consiste na análise pericial técnico-científica para auxiliar a análise judicante. O que se produz é uma opinião técnico-científica sobre um fato contendo pessoas ou coisas que serão objeto deste exame, vistoria ou avaliação" (ARAÚJO; LEMOS, 2021, p. 641).

1.2 A polissemia da perícia judiciária

A perícia judiciária consiste em uma expressão sinônima da prova pericial. Ao mesmo tempo, a expressão "perícia" remete a um trabalho mais sofisticado cientificamente, tendo em vista a metodologia qualificada que deve ser retratada *in itinere* ao trabalho do especialista e explicada no laudo escrito.

O legislador assinala desdobramentos cada vez mais particularizados conforme a operabilidade do perito. O juiz poderá inquirir técnicos (art. 35 da Lei nº 9.099/95) para esclarecimento de situações referentes a pessoas e coisas em processos de menor complexidade no Juizado Especial Cível. O Código de Processo Civil, inclusive, prevê a prova técnica simplificada (art. 464, §2º, CPC) *em substituição à perícia*, porque se trata de um meio de prova por intermédio do qual o especialista presta depoimento em audiência sobre ponto controvertido de menor complexidade técnica ou científica (ARAÚJO; LEMOS, 2021, p. 654).

Murilo Avelino Teixeira anota que a perícia científica é a única que exige a aplicação do método científico em seu desdobramento. De outro lado, a prova técnica não possui uma aspiração de sistematização metódica. "Trata-se de um mero exercício instrumental, sem pretensões de comprovação ou falsificação de teorias ou modelos científicos" (AVELINO, 2018, p. 135 e 127). *O laudo pericial ou laudo técnico é o discurso pelo qual o profissional apresenta o trabalho em juízo* – em geral, o perito apresenta laudo escrito, mas para além do laudo escrito, o especialista também pode prestar informações adicionais oralmente, a critério do juiz e das partes (art. 477, §2º, CPC).

1.3 As espécies não taxativas de perícias judiciárias

As *pessoas ou as coisas são as fontes* da perícia judiciária, ou seja, consistem no "objeto" da observação do profissional. Segundo a literalidade do Código de Processo Civil, a prova pericial pode ser um exame, uma vistoria ou uma avaliação – tudo depende do objeto de apreciação pelo especialista e leva em conta a metodologia de trabalho.

A avaliação será geralmente efetuada por oficial de justiça (art. 871 do CPC). O Código de Processo Civil chega a *dispensar a avaliação* quando a margem de preço do objeto for acessível ao senso comum, levando em conta parâmetros atualmente predispostos por tabelas oficiais (por exemplo, a FIPE e a média de preço para a compra e venda de imóveis para determinada região). Também fica dispensada a avaliação quando as partes elaboram negócio processual típico para precificar o objeto (art. 871, I, CPC). O levantamento do preço ou do valor de algum objeto, seja pelo montante atual ou considerando a defasagem histórica, pode assumir complexidade, o que enseja a nomeação de perito que disponha de conhecimento especializado para dimensionar a importância econômica da coisa ao largo do tempo. Uma ação renovatória de aluguel se trata de um exemplo em que o perito costuma ser nomeado.

Na hipótese da ação de desapropriação, a nomeação de perito avaliador também é bastante comum, conforme se depreende do julgado: "Restando demonstrado que a *perícia* a ser realizada, na forma como requerida pelo próprio recorrente, mostra-se *complexa*, envolvendo a *avaliação* de uma fração de terras com área superficial de 162.450 metros quadrados, mediante resposta a todos os (trinta) quesitos formulados pelo DAER/RS, demandando que seja realizada por profissional de área de engenharia, e não por simples corretor de imóveis" (TJRS, Agravo de Instrumento nº 70039344338, Terceira Câmara Cível, Relator Desembargador Rogerio Gesta Leal, DJ 09.12.2010). A ementa confere um entendimento contemporâneo ao art. 14 do Decreto 3.365/1941, que previa a nomeação de um perito, "sempre que possível, técnico", para avaliar o bem que é objeto de desapropriação por utilidade pública.

A denominada vistoria é necessária para causas relativas a imóveis ou a direitos que tenham por objeto as coisas imóveis, como acontece em ações possessórias, de reivindicação, demarcação e divisão, dentre outros casos. Em casos mais simplórios – e quando o magistrado dispõe de tempo suficiente –, a prova pericial pode ser substituída pela própria inspeção judicial. De qualquer maneira, a diferença básica entre a vistoria e o exame decorre do objeto da perícia, considerando que o exame se efetua em pessoas ou coisas móveis.

A regra processual não afasta a possibilidade da instrumentalização de outras modalidades de perícia no processo. Situações complexas, como a dissolução de sociedade empresarial, a exclusão de sócio ou a recuperação de empresas, em geral, reclamam perícia contábil, segundo reiterada jurisprudência do Superior Tribunal de Justiça: "A forma da apuração de haveres, em caso da exclusão prevista no art. 1.030 do

Código Civil, está disposta no art. 1.031 do mesmo diploma legal, caso não haja uma previsão específica no contrato social. Nesta hipótese, a apuração de haveres deve ocorrer na forma de perícia que avalie a situação patrimonial da sociedade no momento em que se efetuou, no plano fático, a exclusão do sócio, mediante um balanço especialmente levantado, que considere a situação patrimonial da empresa e não meramente contábil, justamente o que foi efetuado pelas instâncias ordinárias" (AgInt no AREsp 492491/RJ, Quarta Turma, Relatora Ministra Maria Isabel Gallotti, DJ 23.08.2018).

A dissolução parcial da sociedade se trata de instituto jurídico diferente da exclusão de um sócio, porque ocorre a diminuição do capital social. Quando não existe acordo[3] entre as partes, geralmente efetuado extrajudicialmente, será necessária a perícia para a apuração e haveres (art. 604, III, CPC). A perícia contábil não deixa de ser um exame sobre a situação patrimonial da sociedade empresária, assinalando que a terminologia "exame" serve como uma cláusula de abertura a outras modalidades de perícia não expressamente previstas na regra processual.

1.4 A probabilidade estatística

A prova estatística corresponde a uma particular modalidade de prova científica, sendo tanto mais exata na medida em que a própria fonte de prova foi diretamente examinada para a realização dos cálculos de probabilidade, também pesando a qualidade da amostragem. A estatística tem menor valor probatório para a decisão, quando existem ruídos nas amostras ou na similaridade das fontes de prova empregadas, situações em que não chega a ser muito considerada na sistemática da tomada de decisão probatória.

A Lei nº 8.212/91, no art. 22, §3º, dispõe: "O Ministério do Trabalho e da Previdência Social poderá alterar, com base nas estatísticas de acidentes do trabalho, apuradas em inspeção, o enquadramento de empresas para efeito da contribuição a que se refere o inciso II deste artigo, a fim de estimular investimentos em prevenção de acidentes". O direito positivo brasileiro prevê hipóteses repetitivas que podem abarcar

---

[3] O próprio contrato social pode prever os critérios de cálculo referentes à retirada de um sócio ou à dissolução parcial da sociedade. Alguns sócios mais precavidos, inclusive, estabelecem cláusula de *"shotgun"* (também denominada *"buy or sell"*), que se trata de um mecanismo de resolução de conflitos societários por intermédio do qual é prevista a compra e venda simultânea e obrigatória das quotas ou ações entre sócios ou acionistas que assinalam um litígio.

os achados estatísticos, sendo que o juiz deve "avaliar a pertinência e a potencial eficácia da prova a ser colhida. Deve-se tomar em conta a viabilidade, em tese, de o resultado da prova estatística demonstrar o fato probando ou, ao menos, demonstrar os fatos instrutórios que possam permitir a inferência do fato probando. Essa análise deve ainda estender-se à avaliação do tipo de prova estatística a ser empregada, bem como à metodologia a ser aplicada e ao universo a ser pesquisado" (MARINONI; ARENHART, 2019, p. 428).

Em raciocínio probatório se fala em probabilidade quantitativa, subjetiva ou lógica, sendo que todas as espécies partem de uma consideração a respeito da estatística – ainda que seja uma consideração *a latere*. Quando se fala que "algo comum acontece", "algo é verossímil" ou se verifica o *id quod plerumpque accidit*, de alguma maneira existe um *background* estatístico nessas percepções. O Superior Tribunal de Justiça reconhece o dever de indenizar o consumidor, pela simples colocação no mercado de um produto que seria impróprio à ingestão, fazendo presumir um dano com base em um arcabouço estatístico: "Ao fornecedor incumbe uma gestão adequada dos riscos inerentes a cada etapa do processo de produção, transformação e comercialização dos produtos alimentícios. Esses riscos, próprios da atividade econômica desenvolvida, não podem ser transferidos ao consumidor, notadamente nas hipóteses em que há violação dos deveres de cuidado, prevenção e redução de danos. A presença de corpo estranho em alimento industrializado excede aos riscos razoavelmente esperados pelo consumidor em relação a esse tipo de produto, sobretudo levando-se em consideração que o Estado, no exercício do poder de polícia e da atividade regulatória, já valora limites máximos tolerados nos alimentos para contaminantes, resíduos tóxicos e outros elementos que envolvam risco à saúde. Dessa forma, à luz do disposto no art. 12, *caput* e §1º, do CDC, tem-se por defeituoso o produto, a permitir a responsabilização do fornecedor, haja vista a incrementada – e desarrazoada – insegurança alimentar causada ao consumidor. Em tal hipótese, o dano extrapatrimonial exsurge em razão da exposição do consumidor a risco concreto de lesão à sua saúde e à sua incolumidade física e psíquica, em violação do seu direito fundamental à alimentação adequada. É irrelevante, para fins de caracterização do dano moral, a efetiva ingestão do corpo estranho pelo consumidor, haja vista que, invariavelmente, estará presente a potencialidade lesiva decorrente da aquisição do produto contaminado. Essa distinção entre as hipóteses de ingestão ou não do alimento insalubre pelo consumidor, bem como da deglutição do próprio corpo estranho, para além da hipótese de efetivo comprometimento de sua saúde, é de inegável relevância no momento da quantificação da indenização, não surtindo efeitos, todavia, no que tange à caracterização, *a priori*, do dano moral" (REsp 1.899.304/SP, Segunda Seção, Relatora Ministra Nancy Andrighi, DJ 25.08.2021).

O julgamento não é aleatório, mas considera a massificação das relações de consumo e a grande probabilidade estatística de algum deficiente visual ingerir um produto vencido ou danificado. Também pode considerar que algum portador de deficiência cognitiva não tenha o discernimento para identificar o perigo que o produto pode acarretar à saúde da pessoa que adquire e eventualmente ingere o alimento insalubre. Isso não se trata de imaginação do julgador, porém, revela uma análise daquilo que comumente acontece, o que tem amparo da estatística enquanto modalidade de perícia ou modalidade auxiliar no diagnóstico da periculosidade à coletividade em relações massificadas.[4]

O caso *Joiner* destacou que a mera estatística não é suficiente para firmar uma relação de causalidade individual, em uma relação específica. Muito difícil atribuir a causalidade a algum fato, quando existem outros diversos fatores que também incidem na classe de eventos. "Apesar de alguns argumentos aduzidos a favor do uso probatório das estatísticas puras, a opinião amplamente dominante é no sentido de que estatísticas não podem oferecer um suporte probatório válido a um enunciado sobre um fato específico, posto que somente podem determinar a frequência relativa de classes de eventos. É claro que isso não significa que estatísticas não possam ou não devam ser usadas como prova: significa que, em geral, essas não são suficientes *per se* para que se estabeleça a probabilidade da ocorrência de um fato específico. Por outro lado, se o <fato> a ser provado é somente a frequência relativa de duas classes de eventos, estatísticas podem ser prova de tal fato" (TARUFFO, 2014, p. 98). O Superior Tribunal de Justiça considerou o caráter fundamental do direito do consumidor e as políticas públicas que reconhecem a vulnerabilidade dessa posição jurídica (art. 4º, I, do CDC), bem assim o dever de facilitar a defesa dos direitos dos consumidores (art. 6º, VIII, do CDC), tendo em vista o que de comum ocorre com frequência relativa na cultura brasileira.

---

[4] A aproximação entre o "vício do produto ou do serviço" com a "responsabilidade pelo fato do produto ou do serviço" (artigos 12, 14, 18 e 20, todos do CDC), em direito do consumidor, assinala a imbricação funcional dessas categorias – porque elas nada mais representam que a concretização legislativa, mesmo, da tutela da segurança do consumidor (norma narrativa prevista expressamente no art. 6º, I, do Código de Defesa do Consumidor). Verificar o recente texto (CASTRO, 2022, p. 82-110).

Uma percepção que pondera a estatística aproximada, porque é mais provável que alguém seja vitimado por algum alimento insalubre quando ele é colocado no varejo, ao invés da menor probabilidade de contaminação quando não existe insalubridade no produto ofertado. Nesses casos, não propriamente é investigado nexo causas, mas a relação de correção entre uma prática repetitiva e uma massa de consumidores. O que também é comum no processo estrutural – afinal, objeto da prova no processo estrutural consiste em "um estado de coisas", em uma "postura burocrática", para além de uma mera alegação sobre um fato isolado.

Sérgio Arenhart assinala que os dados estatísticos têm relevância jurídica em diversos campos, sendo certo que sua importância também pode ser notada no âmbito probatório e, sobretudo, na dimensão probatória de litígios complexos.[5] Em realidade, a complexidade do caso torna inúteis as "provas tradicionais" que apenas remontam alegações de pontuais fatos pretéritos. No processo estrutural, enfim, no processo complexo, a resposta jurisdicional carece de soluções performáticas, "pró-futuro", o que demanda a análise de probabilidades de repetições de acontecimentos com base em fontes que examinam o passado, mas subsidiam a latência da repetição das questões em momento futuro (ARENHART, 2019, p. 663). Reiterando,[6] "a prova estatística corresponde a particular modalidade de prova científica, em que o método estatístico é empregado para, a partir da avaliação de um universo de elementos – inteiramente ou por amostragem – extrair conclusos que possam servir como argumentos de prova no processo civil" (ARENHART, 2019, p. 664).

---

[5] O litígio complexo é uma modalidade de litígio coletivo irradiado. Ou seja, "essa categoria representa a situação em que as lesões são relevantes para a sociedade envolvida, mas ela atinge, de modo diverso e variado, diferentes subgrupos que estão envolvidos no litígio, sendo que entre eles não há uma perspectiva social comum, qualquer vínculo de solidariedade. A sociedade que titulariza esses direitos é fluida, mutável e de difícil delimitação" (VITORELLI, 2022, [s.p.]). Exemplo disso são as pessoas afetadas pelos rejeitos da catástrofe de Brumadinho, situação que desencadeia um eixo socioambiental para tratamento do conflito, outro eixo socioeconômico (com diversas camadas de interesses) e outro eixo institucional ou burocrático. Dentro do próprio litígio pode ser avistada a conflituosidade interna.

[6] A regra 703 da "Federal Rules of Evidence" americana expressamente autoriza os peritos se valerem de opiniões baseadas em resultado de pesquisas que partem de achados probabilísticos: "*An expert may base an opinion on facts or data in the case that the expert has been made aware of or personally observed. If experts in the particular field would reasonably rely on those kinds of facts or data in forming an opinion on the subject, they need not be admissible for the opinion to be admitted. But if the facts or data would otherwise be inadmissible, the proponent of the opinion may disclose them to the jury only if their probative value in helping the jury evaluate the opinion substantially outweighs their prejudicial effect*".

A lógica da prova estatística é semelhante ao exercício mental da presunção. Com base em dados pretéritos, uma inferência leva a uma conclusão, que não chega a ser tão óbvia quanto à conclusão que trata dos indícios e presunções. Afinal, os conceitos de causalidade e correlação ficam imbricados de uma maneira que não permitem assertividade suficiente para a reputar um achado como definitivo – essa é a principal crítica sobre a prova estatística.

Em defesa da estatística, deve ser ponderado que todas as análises referentes a probabilidades abarcam conhecimentos pretéritos (*background*) e ideias de repetição de rotinas. Edilson Vitorelli pontua que todas as provas tradicionalmente aceitas no processo, sejam as evidências reputadas científicas, sejam as provas documentais e testemunhais, valem-se do componente probabilístico. "Supõe-se que a testemunha não mente, bem como que o documento é verdadeiro, o que pode até ser provável, à luz das circunstâncias, mas nunca será certo, ao menos não quando se toma certeza no sentido de inexistência de possibilidades de outro resultado" (VITORELLI, 2019, p. 2).

A problemática da estatística não chega a ser estranha à credibilidade abstrata de um meio de prova. Porque a valoração não fica adstrita a uma visão estática da evidência, mas também lança a ponderação na eficácia da prova no contexto do processo – aquilo que Susan Haack[7] denominou de *crossword puzzle*. A estatística elabora uma reconstrução do passado em uma ponderação de probabilidades, mas que deve ser ratificada em concreto pela pragmática da controvérsia fática que está na pauta do processo em trâmite. Conforme Ana Sánchez-Rubio, o probabilismo faz correr o risco de confundir estatística com força valorativa da prova, algo que somente a concretude, o contexto mesmo do processo pode apresentar com maior exatidão (SÁNCHEZ-RUBIO, 2018, p. 203). Nesse sentido, a prova estatística sozinha pode conduzir a uma falácia interpretativa que deve ser precavida pelo dever de completude e responsividade do contexto probatório suficiente ao caso concreto.[8]

---

[7] O meio de prova deve ser valorado pelo juiz de maneira individualizada, tanto em termos de credibilidade (abstrata) como em termos de eficiência (concreta). No mesmo sentido, o contexto probatório, o conjunto de provas amealhado no processo, também deve ser valorado – por isso a expressão do *"crossword puzzle"*, que Susan Haack define como a tomada de decisão como *"quasi-holistic"* (um holismo-articulado, que leva em conta o meio de prova em sua individualidade, sem descurar do contexto probatório). Para tanto, a autora se vale dos conceitos de "grau de suporte da prova", "suporte independente" e "grau de inclusão", uma metáfora de "palavras-cruzadas" que fazem sentido quando apreendidas em conjunto (HAACK, 2014a, p. 14-15).

[8] A prova estatística, na prática, tem sido utilizada para limitar a invasão estatal no patrimônio particular. Exemplo disso são os estudos e as decisões que têm sido elaboradas para

1.5 A cadeia de custódia da fonte de prova em caso de perícia judiciária

As pessoas, coisas, objetos ou documentos que podem ser objeto da perícia judiciária devem ser conservados em sua autenticidade e integridade para a manutenção da fiabilidade da prova científica. A aquisição e o acondicionamento das amostras ou fontes de prova a serem periciadas devem ser preservadas mediante procedimento que impeça alterações nas próprias substâncias, o que somente é possível por intermédio da reserva de um ambiente que garanta a cadeia de custódia das evidências (para evitar o *break on the chain of custody*).

A Portaria 82/2014 da Secretaria Nacional de Segurança Pública do Ministério da Justiça define a cadeia de custódia como "o conjunto de todos os procedimentos utilizados para manter e documentar a história cronológica do vestígio, para rastrear sua posse e manuseio a partir de seu reconhecimento até o descarte" (item 1.1). A Portaria SENASP 82/2014 visivelmente serviu de parâmetro para a reforma do Código de Processo Penal. Geraldo Prado assinala que "a preservação destes elementos probatórios, portanto, insere-se no âmbito de juridicidade que, observada a inexistência de previsão legal, deve ser suprido pelo juiz para garantir ao processo a sua qualidade de entidade epistêmica" (PRADO, 2014, p. 79). Quer dizer que a reserva jurisdicional, para avançar contra o patrimônio jurídico do indivíduo, é bifásica: em primeiro lugar, é necessário motivar detalhadamente os fatores da intervenção estatal na esfera da posição jurídica dos sujeitos, em segundo lugar, é importante tratar de acondicionar as evidências de uma maneira que lhes preserve a integridade e a autenticidade. O fundamento material e propriamente técnico desse cuidado é assegurar a possibilidade do direito de defesa e a dignidade do acesso à prova em sua essência. A prova malconservada ou extraviada, assim como a prova desconstruída ou contaminada incorrem em *perda da chance de se valer dessa prova*. Um documento ou evidência pessoal será juridicamente

---

desconsiderar o reconhecimento por *"show up"*, ao invés do reconhecimento em *"line up"*, na versão do art. 226 do Código de Processo Penal. A Portaria 209 do CNJ, de 31.08.2021, "institui Grupo de Trabalho destinado à realização de estudos e elaboração de proposta de regulamentação de diretrizes e procedimentos para o reconhecimento pessoal em processos criminais e a sua aplicação no âmbito do Poder Judiciário, com vistas a evitar condenação de pessoas inocentes". A estatística possui um sentido "negativo" de excluir determinada conclusão. De outro lado, a nota estatística sem o acréscimo de uma corroboração probatória concreta (*"naked statistic"*) não pode servir como uma base autônoma para uma conclusão de procedência ou para o firmamento de um nexo de causal que reclama elementos concretos de prova (TARUFFO, 2017, p. 510).

válido se tiver a origem e a tramitação conservadas. Por isso a cadeia de custódia se presta a conservar os elos entre as diversas atividades que compõem o procedimento probatório, desde a captação do material até a disponibilização dessa fonte para a perícia e contraprova. "A constatação em um processo concreto de que houve supressão de elementos informativos colhidos nestas circunstâncias fundamenta a suspeição sobre a infidelidade de registros remanescentes e realça a ineficácia probatória resultante da cadeia de custódia" (PRADO, 2014, p. 82).

O Código de Processo Penal (CPP) estipula, em seu art. 158-A, que "considera-se cadeia de custódia o conjunto de todos os procedimentos utilizados para manter e documentar a história cronológica do vestígio coletado em locais ou em vítimas de crimes, para rastrear sua posse e manuseio a partir de seu reconhecimento até o descarte". Os dispositivos que seguem (artigos 158-B até o 158-F do CPP) detalham o manuseio das evidências, o dever de cuidado na identificação e acondicionamento do material, para que a prova não seja desnaturada e, consequentemente, perca a fiabilidade. Exemplo disso é que o Superior Tribunal de Justiça inocentou acusado por tráfico de drogas, na oportunidade em que identificou a quebra da cadeia de custódia dos entorpecentes: "O fato de a substância haver chegado para perícia em um saco de supermercado, fechado por nó e desprovido de lacre, fragiliza, na verdade, a própria pretensão acusatória, porquanto não permite identificar, com precisão, se a substância apreendida no local dos fatos foi a mesma apresentada para fins de realização de exame pericial e, por conseguinte, a mesma usada pelo Juiz sentenciante para lastrear o seu decreto condenatório. Não se garantiu a inviolabilidade e a idoneidade dos vestígios coletados (art. 158-D, §1º, do CPP). A integralidade do lacre não é uma medida meramente protocolar; é, antes, a segurança de que o material não foi manipulado, adulterado ou substituído, tanto que somente o perito poderá realizar seu rompimento para análise, ou outra pessoa autorizada, quando houver motivos (art. 158-D, §3º, do CPP). Não se agiu de forma criteriosa com o recolhimento dos elementos probatórios e com sua preservação; a cadeia de custódia do vestígio não foi implementada, o elo de acondicionamento foi rompido e a garantia de integridade e de autenticidade da prova foi, de certa forma, prejudicada. Mais do que isso, sopesados todos os elementos produzidos ao longo da instrução criminal, verifica-se a debilidade ou a fragilidade do material probatório residual, porque, além de o réu haver afirmado em juízo que nem sequer tinha conhecimento da substância entorpecente encontrada, ambos os policiais militares, ouvidos sob o crivo do contraditório e da ampla defesa, não foram uníssonos e claros o bastante em afirmar se a droga apreendida realmente estava em poder do paciente ou se a ele pertencia. Conforme deflui da sentença condenatória, não houve outras provas suficientes o bastante a formar o convencimento judicial sobre a autoria do crime de tráfico de drogas imputado ao acusado. Não é por demais lembrar que a atividade probatória deve ser de qualidade tal a espancar quaisquer dúvidas sobre a existência do crime e a autoria responsável, o que não ocorreu no caso dos autos. Deveria a acusação, diante do descumprimento do disposto no art. 158-D, §3º, do CPP, haver suprido as irregularidades por meio de outros elementos probatórios, de maneira que, ao não o fazer, não há como subsistir a condenação do paciente no tocante ao delito descrito no art. 33, *caput*, da Lei n. 11.343/2006" (HC 653.515/RJ, Sexta Turma, Relator Ministro Rogério Schietti Cruz, DJ 23.11.2021).

A determinação judicial para coletar a prova pode estar muito bem fundamentada, mas de nada adianta o mandamento para a produção da prova, se o procedimento técnico da custódia das evidências apresentarem falhas e soluções de descontinuidades entre os respectivos elos de apresentação do material. Danilo Knijnik sistematiza três planos para a análise sobre a questão: (a) quando a prova da cadeia de custódia é necessária, (b) quem está encarregado de provar sua preservação e (c) os momentos do início e do término dessa atividade (KNIJNIK, 2017, p. 171). As evidências sujeitas à cadeia de custódia são elemento fungíveis, cujas características comuns podem permitir que outros objetos sejam trocados no lastro do acondicionamento. Observe-se a hipótese dos entorpecentes, que reservam fungibilidade entre si, devendo ser preservados com as cautelas dos artigos 158-B ao 158-D do Código de Processo Penal. De outro lado, uma arma de fogo com numeração identificada se trata de objeto infungível, que enseja cuidados diferentes em termos de armazenamento e individualização. Ocorre que um objeto "geralmente" considerado infungível pode se transformar em fungível, como no caso dessa arma de fogo ter a numeração raspada, o que enseja a identificação e o acondicionamento em cadeia de custódia que permita dizer que a arma apreendida é a mesma que está guardada para fins processuais. A infungibilidade pode ser "transitória", razão pela qual, alguns objetos inicialmente infungíveis devem ser individualizados e acautelados para garantir o devido processo legal. O ônus de provar a sanidade da cadeia de custódia encarrega a parte que postulou a prova, sem prejuízo de que a contraparte possa fiscalizar a regularidade do procedimento, levando em conta o princípio da comunhão da prova.

Em processo penal, subentende-se que o Ministério Público demanda intervenções na esfera jurídica do indivíduo, ensejando restrições, captações, interceptações e intervenções. O Superior Tribunal de Justiça esclarece que o *jus postulandi* não desonera a parte autora e os demais órgãos de segurança pública do dever de acautelar a prova trazida ao processo, conforme esse destaque: "Apesar de ter sido franqueado o acesso aos autos, parte das provas obtidas a partir da interceptação telemática foi extraviada, ainda na Polícia, e o conteúdo dos áudios telefônicos não foi disponibilizado da forma como captado, havendo descontinuidade nas conversas e na sua ordem, com omissão de alguns áudios. A prova produzida durante a interceptação não pode servir apenas aos interesses do órgão acusador, sendo imprescindível a preservação da sua integralidade, sem a qual se mostra inviabilizado o exercício da ampla defesa, tendo em vista a impossibilidade da efetiva refutação da tese acusatória, dada a perda da unidade da prova. Mostra-se lesiva ao direito à prova, corolário da ampla defesa e do contraditório – constitucionalmente garantidos –, a ausência da salvaguarda da integralidade do material colhido na investigação, repercutindo no próprio dever de garantia da paridade de armas das partes adversas. É certo que todo o material obtido por meio da interceptação telefônica deve ser dirigido à autoridade judiciária, a qual, juntamente com a acusação e a defesa, deve selecionar tudo o que interesse à prova, descartando-se, mediante o procedimento previsto no art. 9º, parágrafo único, da Lei nº 9.296/96, o que se mostrar impertinente ao objeto da interceptação, pelo que constitui constrangimento ilegal a seleção do material produzido nas interceptações autorizadas, realizada pela Polícia Judiciária, tal como ocorreu, subtraindo-se, do Juízo e das partes, o exame da pertinência das provas colhidas. Decorre da garantia da ampla defesa o direito do acusado à disponibilização da integralidade de mídia, contendo o inteiro teor dos áudios e diálogos interceptados" (HC 160.662/RJ, Sexta Turma, Relatora Ministra Assussete Magalhães, DJ 18.02.2014). A demarcação do início ou do término da cadeia de custódia depende das particularidades concretas do objeto e da subsequente utilização dessa fonte para efetuar uma prova sobre a prova. No exemplo da arma de fogo, basta recolher e guardar o objeto, garantindo que o mesmo artefato apreendido foi aquele apresentado em juízo. Na hipótese de apreensão de drogas, será necessário acondicionar o material, efetuar o exame toxicológico nesse material e reservar um punhado de amostras para contraprova – o desdobramento da cadeia de custódia é decisivo para o próprio resultado da perícia.

A quebra da cadeia de custódia caracteriza contrariedade ao direito que pode invalidar já a fase de *produção* probatória ou levar à invalidação do meio de prova na fase de *valoração* da prova (lembrando que o ato de provar é um *continuum*). Carlos Edinger pontua que a quebra da cadeia de custódia leva à insuficiência na rastreabilidade da prova, caracterizando-se o ilícito a ponto de albergar até mesmo a *inadmissibilidade* da prova. Afinal, se é desconhecida a "proveniência daquela prova, se <é> desconhecido por quem aquela prova passou e o que foi feito com ela, nada impede que seja ela objeto de manipulação e seleção unilateral das provas", violando o devido processo legal, o contraditório material e o direito fundamental à prova (EDINGER, 2016, p. 9). A conservação da prova é atividade essencial para uma fiável conclusão decorrente da valoração das evidências por intermédio da perícia judiciária.

2 As fases do procedimento probatório (admissibilidade, produção e valoração da perícia judiciária). Em especial: a admissibilidade da perícia judiciária. Entre o paradoxo e a falsa perícia

A atividade probatória no processo judicial passa, em primeiro lugar, pela fase de requerimento e (a) *admissão* da prova, filtro que se condensa epistemicamente por intermédio da *relevância* do meio de prova em face das fontes de prova e do contexto (hipótese a ser testada), bem como levando em conta a conformidade jurídica e a não vedação moral do meio de prova a ser inserido no processo (art. 369 do CPC). Em um segundo momento, tem-se a (b) produção da perícia judiciária, que atualmente deve observar as ferramentas que o Código de Processo Civil predispõe para impugnação não apenas da credibilidade[9] do "profissional" (impedimento ou suspeição) que elabora o laudo, mas consiste também um ambiente em que se pode discutir *in loco* e *in itinere* a metodologia, a técnica e os achados da perícia, (FERRER

---

[9] A credibilidade de qualquer meio de prova, seja testemunhal, seja pericial, dentre outras, trata-se de um exame estático, pré-concebido e avalorado, que leva em conta a relação entre a evidência com os sujeitos e com o objeto do processo. Em contrapartida, a eficácia da prova consiste em um controle dinâmico, porque é contemporâneo à produção da prova e valorado em termos do resultado, mesmo, que o meio de prova entrega em relação ao processo, seus atores e seu objeto. Uma prova pode ter credibilidade e não ser eficaz: por exemplo, um perito pode ser imparcial e não ter relação com as partes, tampouco interesse no objeto do exame, porém, o laudo produzido pode ser inconclusivo ou com uma margem de erro significativa.

BELTRÁN, 2021, p. 63 e 128), cotejando a eficácia concreta da perícia, sempre com olhos nas regras epistêmicas adotadas desde a admissão da prova. A produção da prova permite uma intervenção na feitura da perícia propriamente dita, com a possibilidade de contra-argumentar os resultados achados, inclusive, com o requerimento de provas de segunda ordem (*provas sobre as provas produzidas*). Finalmente, a (c) tomada de decisão sobre a perícia judiciária também leva em conta a "credibilidade" do perito e a "confiança" na tecnologia (qualidade) da perícia, fatores pressupostos que visam fornecer uma opinião pericial lavrada em um laudo "consistente" e "coerente", que reflete o *standard* científico a ser submetido à valoração do juiz que preside o processo.

A admissão da prova, em geral, trata-se de questão eminentemente jurídica – com a previsão da vedação de provas ilícitas ou contrárias à moralidade (art. 5º, LVI, da Constituição e art. 369 do CPC). Em se tratando de perícia judiciária, a *questão transcende uma singela limitação de ordem deontológica*, porque, além da credibilidade abstrata ou latente do perito, o juízo deve admitir uma perícia que seja "confiável" (fiabilidade) no sentido de qualidade do trabalho desempenhado. Diogo Assumpção Rezende de Almeida salienta que "a técnica ou teoria utilizada pelo perito deve ser, destarte, confiável; vale dizer, produzir o resultado esperado e se mostrar fidedigna aos olhos do julgador" (ALMEIDA, 2011, p. 22). Na sequência, o autor explica que uma teoria é confiável se ela pode ser repetida em circunstâncias idênticas e resultar nos mesmos achados. Carmen Vázquez pontua que, *para além da nota de juridicidade*, para a admissão da perícia judiciária, *entra em cena um juízo de relevância*, que se trata de uma "decisão judicial que se caracteriza por ser individual, isso é, o juiz decide sobre cada um dos diversos elementos de prova; relacional, pois uma prova não é relevante ou irrelevante em si mesma, mas sim, em função de sua relação com os fatos a serem determinados; de tudo ou nada (pelo menos *para efeitos processuais* é categórico), visto que o resultado de qualificar uma prova como relevante ou irrelevante somente pode ser sua admissão ou sua exclusão; e, por fim, dinâmica, porque depende das circunstâncias concretas de cada caso existentes no momento de decidir a admissibilidade" (VÁZQUEZ, 2021, p. 56-57).

O problema tanto da admissão e da relevância, como da valoração da perícia judiciária, consiste em afastar o paradoxo pericial. Danilo Knijnik assinala que, tendo em vista a grande sofisticação da perícia na atualidade, ponderada à peculiaridade de o juízo nomear perito com suposta credibilidade, "operando sob o manto da imparcialidade", *parece existir um superior poder persuasivo em relação aos assistentes técnicos*, correndo-se o risco de o juiz ficar adstrito ao laudo oficial. "O opressivo poder de convencimento da prova pericial na formação da convicção judicial sob hipótese nenhuma pode ser negligenciado, de modo que, num esforço inclusive de autocontenção, é preciso evitar a contaminação do processo com pseudoperícias, realizadas com pseudométodos, que entregam pseudorresultados, muitas vezes justificados apenas com recurso à formulação retórica de que se cuida do perito do juízo, depositário de sua confiança e equidistante das partes" (KNIJNIK, 2017, p. 76). *O paradoxo pericial deve ser evitado em nome da própria dignidade da ciência para dentro do processo.* Divulga-se uma crítica doutrinária no sentido de que os critérios utilizados pelo direito americano, para admitir uma perícia como "qualificada", não podem ser importados para o Brasil, considerando que naquele país o juiz togado efetua um filtro e os fatos são julgados por um júri (cada vez mais raro nos litígios contemporâneos). Esse argumento pode ser falseado por duas percepções: a ciência atual, reputada "normal", atende a paradigmas e o juiz togado brasileiro, por determinação Constitucional do direito fundamental à prova, deve admitir e reputar relevante a ciência qualificada, a "boa ciência", em prejuízo da falsa ciência (*fake science*). Para Thomas Kuhn, os cientistas que se valem dos "resultados obtidos pela pesquisa normal são significativos porque contribuem para aumentar o alcance e a precisão com os quais o paradigma pode ser aplicado" (KUHN, 2018, p. 104). A "ciência normal" que o autor comenta consiste em um verdadeiro "quebra-cabeças" enquanto categoria particular de problemas comuns a serem resolvidos com base na dogmática vigente. Existem boas razões para que motivos dessa natureza de "ciência posta" atraiam o pesquisador, embora ocasionalmente possam o levar à frustração. "O empreendimento científico, no seu conjunto, revela sua utilidade de tempos em tempos, abre novos territórios, instaura ordem e testa crenças estabelecidas há muito tempo. Não obstante isso, o indivíduo empenhado num problema de pesquisa normal quase nunca está fazendo qualquer dessas coisas. Uma vez engajado em seu trabalho, sua motivação passa a ser bastante diversa. O que o incita ao trabalho é a convicção de que, se for suficientemente habilidoso, conseguirá solucionar um quebra-cabeças que ninguém até então resolveu ou, pelo menos, não resolveu tão bem" (KUHN, 2018, p. 104 e 107). O autor quer dizer com isso que "a investigação histórica cuidadosa de uma determinada especialidade num determinado momento revela um conjunto de ilustrações recorrentes e quase padronizadas de diferentes teorias nas suas aplicações conceituais, instrumentais e na observação. Esses são os paradigmas da comunidade, revelados nos seus manuais, conferências e exercícios de laboratório" (KUHN, 2018, p. 115). O que transcende a dogmática científica, o que deixa de ser a "ciência formal" tem campo aberto para discussões que exasperam as barreiras do processo, porém, conforme se verificará, também podem ser trazidas ao processo pela evolução dos precedentes americanos que simplesmente abarcam tais noções teóricas da metodologia da ciência. O autor conclui que "se a coerência da tradição de pesquisa deve ser entendida em termos de regras, é necessário determinar um terreno comum na área correspondente. Em vista disso, a busca de um corpo de regras capaz de constituir uma tradição determinada da ciência normal torna-se uma fonte de frustração profunda e contínua" (KUHN, 2018, p. 116) que deve ser aberta e flexibilizada para novos experimentos, testes, falsificações e achados científicos contemporâneos.

As premissas que se desenvolveram no século XX por intermédio de precedentes judiciários alavancou essa racionalidade para dentro do sistema jurídico – em outras palavras, a experiência e a tecnologia americana[10] se prestaram a reforçar o espírito crítico para a admissão, produção e valoração da perícia. No precedente *Frye v. U. S.* 293 F. 103 (D. C. Circ. 1923) se discutia a admissão do emprego de um detector de mentiras em processo judicial. O teste partia de uma técnica de análise da pressão sistólica do sujeito que, durante o depoimento, sofreria modificações conforme sinais emocionais ou situação de humor. A partir dessa observação, esse suposto exame seria capaz de aferir a veracidade do depoimento. Uma testagem dessa espécie não diverge muito da hipnose ou de técnicas quiçá contingenciais das reações humanas, razão pela qual, embora os juízes de primeiro grau tenham admitido a prova, em grau recursal ela foi rejeitada, com a alegação de que a ciência a ser admitida no processo deve atender a um *critério objetivo* que seria o da "aceitação geral" pelos pares, pesquisadores, especialistas, cientistas, enfim, estudiosos ou profissionais dessa área de conhecimento – sendo que a hipnose ou alterações pontuais do humor

---

[10] "Ante el silencio normativo existente en la materia, será la jurisprudencia norteamericana quien fronte por primera vez la difícil tarea de dotar de significado al concepto jurídico de ciencia aplicable en el marco del proceso judicial y la actividad probatoria. Tal labor se realizó mediante la formulación de ciertos estándares destinados a servir como instrumento conceptual para identificar qué técnicas de investigación y prueba presentan una base científica y cuáles deben ser rechazadas por carecer del suficiente rigor. Debe entenderse, por tanto, que el modelo de ciencia construido por la judicatura es el producto de la delimitación en sentido negativo llevada a cabo por los estándares contenidos en ciertas resoluciones judiciales donde se examina la admisibilidad de la prueba científica" (ALCOCEBA GIL, 2018, p. 229).

não estavam ratificadas enquanto reações fidedignas pela comunidade científica. A atualidade da teoria "normal", suscitada por Thomas Kuhn, e o precedente americano comentado estão positivados no Código de Processo Civil brasileiro, quando a legislação acentua que "o laudo pericial deverá conter a indicação do método utilizado, esclarecendo-o e demonstrando ser predominantemente aceito pelos especialistas da área de conhecimento da qual se originou" (art. 474, III, CPC).

A aparente simplicidade do caso *Frye* (uma questão evidentemente complexa para o longínquo ano de 1923) permite organizar duas percepções: em primeiro lugar, a racionalidade que o critério da "aceitação geral" encerra é meramente *conceitual*, portanto, o eventual controle da admissão da perícia é pela ratificação de um critério unitário. Vale dizer, o teste *Frye* se orienta por um critério único que mantém a ciência estagnada nas próprias conclusões e práticas consagradas naquele tempo, sendo que o próprio Thomas Kuhn assevera que o quebra-cabeças da "ciência normal" tem limitações estruturais que podem ser ultrapassadas no decorrer do avanço científico. Com efeito, o teste *Frye* privilegia as corporações do saber, por se tratar de um vacilo hermético que é compreensível ao tempo em que fora elaborado. As conclusões regidas pela "aceitação geral" são remetidas a uma verdade quase absoluta (como se fosse possível o atingimento dessa generalidade em ciência), pois *critério único da aceitação geral repudia a novidade*, tendo em vista que é um critério que não[11] permite a chegada de novos paradigmas científicos. Aliás, essa é a mesma razão que colaborou para que o teste *Frye* perdurasse por quase um século no circuito decisório. Em segundo lugar, a implacável evolução científica sempre necessita de novos parâmetros, jamais permanece estática em um paradigma "conceitual".[12] Nesse sentido, o teste *Frye* já foi sendo superado pela

---

[11] Ao comentar sobre o *"peer review"*, mas criticando a possibilidade de uma ciência permanecer estática em seus achados, por decorrência de fatores corporativos (ou demais interesses), Susan Haack fornece uma série de exemplos que expressam verdadeiras improbidades científicas cometidas em perícias – se isso acontece nos Estados Unidos, qualquer ingênuo consegue imaginar o que pode acontecer nas articulações do Brasil (HAACK, 2014c, p. 156 e seguintes).

[12] Manter a prova científica em um esquema "fechado" e controlado por um suposto "grupo do saber" é perigoso para o mundo contemporâneo, o mundo da informação. Parece que as questões podem ficar conceitualmente marcadas como acertadas, dispensando-se outros novos conhecimentos e técnicas que evidentemente aparecem à comunidade. A crítica de Imwinkelried alerta, inclusive, para o risco de delegação da jurisdição – um erro bastante comum em perícia não valorada, subvalorada ou sobrevalorada: "*Everyone would agree that in deciding whether to accept testimony about a scientific technique, the judge should consider the prevailing assessment of the technique among specialists. However, the Frye rule goes far beyond general deference to the views of the scientific community; the rule has the effect of delegating the decision to scientists*" (IMWINKELRIED, 1990, p. 61).

própria positivação de regras processuais sobre a prova pericial – o que demonstra o avanço de uma perspectiva *funcional* da ciência.

A tecnologia da ciência e, sobretudo, a colocação da ciência para dentro do processo fomentaram a abertura desse *standard* de "aceitação geral". A fiabilidade da ciência não pode ficar estancada em paradigmas consolidados que não permitem a evolução do conhecimento. Imagina se os testes sobre a eficácia da vacina para prevenção da COVID-19 ficassem adstritos aos conhecimentos consagrados pela "ciência normal" – nada de novo aconteceria e a patologia continuaria sendo tratada como uma singela gripe. *A ciência avança e o direito reflete a evolução cultural*. A superação do conceitualismo do *standard Frye* somente foi entendida pelo autêntico e escancarado funcionalismo decorrente do julgamento do precedente *Daubert v. Merrell Dow Pharmaceuticals, Inc.*, 43 F. 3d 1311 (9th Cir. 1995). A confiabilidade é princípio e pressuposto que sobrepaira todos os demais fatores do método científico. A confiabilidade é propedêutica, os critérios que ela abaliza são fatores-meio, e o resultado final esperado é aquilo que a ciência busca incessantemente – o incremento do probabilismo e a decorrente diminuição da *margem de erro* (manutenção provisória da verificabilidade) –, que alavanca a pretensão de correção de determinada maneira de observar algum fenômeno socialmente relevante (CASTRO, 2021, p. 158). No caso *Daubert*, a demanda foi ajuizada por recém-nascidos e seus familiares contra laboratório farmacêutico, considerando que as crianças nasceram com formação deficiente que seria decorrente da ingestão do medicamento denominado *Bendectin*. O fato controvertido era identificar o nexo de causalidade entre a patologia apresentada e os efeitos do remédio, situação que ensejava a produção do teste científico. Os peritos nomeados pelos autores indicaram que havia o nexo de causalidade entre fato e dano, na medida em que os testes realizados em animais confirmaram a repercussão indesejada do fármaco. De outro lado, os peritos da empresa suscitaram o "velho" critério da *aceitação geral*, reportando-se ao caso *Frye* e alegando que nenhum estudo sobre o *Bendectin* em seres humanos aventou a possibilidade de a droga ensejar os referidos malefícios. Justamente, o dilema da não evolução da ciência, da corporação do saber e da imposição de uma verdade inamovível, então, estava na pauta da Suprema Corte – uma revisão do conceitualismo do teste *Frye*.

Somente o requisito da *aceitação geral* (art. 473, III, CPC) não seria mais capaz de afastar fórmulas arquetípicas falsa ciência (*junk science*). Em outras palavras, a lógica conceitual do caso *Frye* estava sendo superada. Toda a ciência é datada (POPPER, 1982, p. 421), por conseguinte, foi necessário reformular os critérios que substancializam uma metodologia válida no diálogo interdisciplinar entre ciência e processo. O precedente *Daubert* estabeleceu pelo menos quatro critérios flexíveis e, aparentemente, exemplificativos que encerram o método de trabalho que *reputa um teste como científico* e passível de ser internalizado ao processo: (a) a possibilidade de teste e a falseabilidade da teoria ou método, com base nos referenciais teóricos de Carl Hempel e Karl Popper; (b) a publicação do achado dentre os pares em revista ou ensaio especializado (um reforço *a latere* da aceitação geral); (c) a indicação do percentual de erro enquanto fator de "fecho" experimental; (d) a aceitação geral da teoria ou método entre os estudiosos da área de conhecimento. Vale dizer que a racionalidade *conceitual* e o controle de ratificação corporativa do caso *Frye* foram encampados, continuaram sendo utilizados, mas, sobretudo, foram conjugados e de certa forma *superados* por uma *racionalidade funcional-estruturante* que encerra múltiplos critérios e tem como pressuposto a *confiabilidade* na precisão científica – tudo para a finalidade de *afastar a falsa ciência, bem assim com o objetivo de que a ciência no processo estabeleça um coeficiente de probabilidade (standard) o mais próximo possível da "verdadeira ciência"*.

Os precedentes americanos têm aplicação ao direito brasileiro? O juiz não precisa saber detalhes estruturais da ciência, todavia, ele tem a responsabilidade de afastar a "falsa ciência". Conforme Foster e Huber, *"junk science is a legal problem, nos a scientific one"* (FOSTER e HUBER, 1997, p. 17). Vale referir, ainda, o caso *General Electric Company et al. v. Robert Joiner*, 522 U.S. 136 (1997), no qual o demandante trabalhava como eletricista e mantinha contato com um fluido que posteriormente foi reconhecido como tóxico. A prova pericial do autor defendeu o nexo de causalidade entre o produto utilizado pela empresa e o câncer pulmonar contraído pelo paciente, sendo que o tribunal de primeiro grau não admitiu essa *expert witness*.[13] De outro lado, a Suprema Corte reformou o entendimento e admitiu a produção da prova, conferindo o papel de *gatekeeper*[14] ao juiz togado, que deve garantir que a prova para além da relevância, ela deve ser confiável, ratificando a propedêutica da fiabilidade.

---

[13] No sistema americano, o perito presta depoimento oralmente. Por isso se fala em *"expert witness"*. O CPC atual apresenta uma figura parecida, cuja previsão de atuação é na produção de "prova técnica simplificada" (art. 464, parágrafo segundo, CPC).

[14] "*Gatekeeper*" é a figura do guardião da fiabilidade da prova, o gestor que garante um método científico qualificado.

O juiz passa a desempenhar o papel de gestor na *produção* da prova, assim como um controlador na *valoração* da prova pericial, incrementando-se a responsabilidade do magistrado no manuseio da ciência no processo. Outro ponto fundamental decidido no caso *Joiner* foi que, na admissibilidade da prova científica, o juiz deve valorar o âmbito de *analitical gap* entre as premissas (*data*) e as conclusões (*opinion*) apresentadas nos achados periciais, para determinar se há entre elas uma correlação suficientemente estreita que permita considerar a perícia um elemento de prova confiável. Gustavo Henrique Badaró enfatiza que "o juiz pode controlar a correção da argumentação do perito com as suas conclusões" (BADARÓ, 2019, p. 190), o que é altamente inovador para a mentalidade do processualismo do século XX, que passa a adotar um *modelo dialógico-responsivo* já na produção da perícia judiciária.

Finalmente, no caso *Kumho Tire Co., Ltd. et. al. v. Patrick Carmichael et al.* (1999) se discutia sobre a responsabilidade do fabricante após a explosão de um pneu de um veículo em movimento que ocasionou a morte de um tripulante. O perito contratado se valeu da utilização de uma técnica não científica, que foi admitida. A Suprema Corte ainda ressaltou que os critérios do teste *Daubert* podem ser aplicados de forma alternada, quer dizer, *não* simultânea, sempre tendo como pressuposto o princípio da confiabilidade da prova produzida – provas de caráter *técnico* e, por ora, não científico podem ser valoradas como perícia judiciária. Essa racionalidade vem estampada nos termos do art. 375 do CPC, considerando a questão da polissemia da perícia judiciária.

Desde o início do terceiro milênio, as *Federal Rules of Evidence* (*FRE*) encamparam os critérios debatidos nesses quatro precedentes americanos, em especial, no caso *Daubert*. Não há uma regra explícita que determine que o juiz brasileiro deve desconsiderar os critérios alavancados pelos julgados americanos – até pelo fato de não se tratar de direito estrito, mas de uma evolução da metodologia da ciência propriamente dita. Assim, o magistrado brasileiro deve levar em conta, para a admissão da perícia e para a própria valoração da prova, a evitação da *junk science* (falsa perícia) e o afastamento da delegação da jurisdição aos dizeres conclusivos do laudo. Danilo Knijnik ressalta o incremento dos deveres do juiz, porque "a ruptura introduzida por *Daubert* soou evidente, embora se deva falar, mais propriamente, em evolução de enfoques. Ressumbra, aqui, o papel e a pesada responsabilidade atribuída, doravante, ao juiz, na admissão e, na *civil law*, na própria valoração da prova pericial, antes reportado quase que exclusivamente à própria comunidade científica, à mercê do critério de aceitação geral" (KNIJNIK, 2017, p. 64).

A fiabilidade da perícia judiciária depende da observação de verdadeiros *standards*, quais sejam, o cabimento e a adequação da prova em relação à questão subjacente, à testabilidade e à falseabilidade da hipótese de trabalho, à possibilidade de erro ou à *incomensurabilidade* eventual do achado (KUHN, 2018, p. 63) e à revisão pelos pares ("aceitação geral" instrumentalizada pela ciência normal). O Supremo Tribunal Federal, em voto-vista proferido pelo Ministro Luiz Fux (RExt 363.889/DF, Tribunal Pleno, Relator Ministro Dias Toffoli, DJ 02.06.2011), assentou que se "reconhece a falibilidade da ciência e impõe aos juízes uma vigilância extrema para evitar decisões errôneas e injustas. Para isso, os juízes devem repelir por ausência de confirmação, como inidôneas a ensejar qualquer condenação, todas provas científicas desmentidas por alguma outra igualmente científica (…). E exigiu que o juiz controlasse o conhecimento científico mediante a aplicação simultânea de três critérios: método indutivo, a resistência a todas as espécies de refutação e subsidiariamente o consenso geral da comunidade científica". O magistrado é o guardião (*gatekeeper*) da admissão e da valoração da prova – além de ter papel fundamental para assegurar o contraditório forte na produção da perícia judiciária. A tradição americana notoriamente está na vanguarda das pesquisas científicas, seja por interesse econômico, seja por respaldo social, fatores que se refletem no processo civil enquanto produto da cultura. De outro lado, segundo Kevin Clermont, a falta de uma profunda discussão sobre os *standards* de admissibilidade e de valoração da perícia judiciária em direito continental se deve à influência dogmática (principalmente francesa), que reputa as questões de fato inferiores ou desdenháveis, em relação às questões de direito, bem como se deve ao fenômeno sobre o qual o *civil lawyer* tem pouca prática em pensar o direito em termos de incerteza (probabilidade), devido à vocação lógica-dedutiva de resolver os problemas práticos (CLERMONT, 2013, p. 248-251).

O Código de Processo Civil não mais permite essas "desculpas", porque atualmente regulamenta hipótese de escolha de perito por negócio processual, substituição da perícia por pareceres ou documentos de assistentes técnicos, designação de segunda ou terceira perícia, dentre outros aspectos que fomentam a discussão da relevância e da consistência da ciência para dentro do processo. Uma autêntica mentalidade diferente que implica responsabilidade do Judiciário para afastar a falsa perícia (*junk science*) e efetivamente ponderar sobre a prova pericial em todas as suas fases.

2.1 A racionalidade científica como critério de eficiência da prova pericial. Dois sistemas jurídicos e uma funcionalidade epistêmica. Aproximação dogmática: a concepção estática e a concepção dinâmica

No sistema do *common law*, a ciência é internalizada no processo por intermédio da opinião proferida oralmente pelo perito (*expert witness*). Cada uma das partes processuais contrata o profissional de sua confiança que presta um testemunho, entregando uma informação qualificada ao juízo. Segundo Michele Taruffo, "o perito expressará sua opinião com base em seu conhecimento pessoal dos fatos relevantes ou, ainda, respondendo a questões hipotéticas lançadas pelo tribunal ou pelas partes. Desse ponto de vista, o traço distintivo mais importante da prova pericial é que ao perito permite-se expressar sua opinião acerca dos fatos em litígio: trata-se de exceção à regra geral de acordo com a qual uma testemunha não pode expressar sua opinião pessoal acerca dos fatos. Todavia, a opinião do perito deve basear-se em fatos que precisam ser provados, além de se sustentar em dados e informações técnicas e científicas confiáveis" (TARUFFO, 2014, p. 89).

Na medida em que a escolha dos peritos é atribuição ou encargo das partes processuais, o *direito americano depositou maiores preocupações em delimitar o que seria a ciência, qual o critério para confiar na perícia, em uma concepção dinâmica da racionalidade experimental*. A intensidade do controle exercido sobre a perícia é diretamente proporcional à maneira de escolher o profissional que faz a interlocução das fontes de observação ao juízo – essa tradição poderia ser denominada de concepção dinâmica da escolha do perito e produção da prova. "Sem a presunção de imparcialidade, as cortes norte-americanas historicamente buscaram mecanismos de controle, que evitassem que pseudociências chegassem ao conhecimento dos jurados e os influenciasse de forma contrária àquilo que fosse comprovadamente testado, avaliado e efetivamente considerado ciência" (ALMEIDA, 2011, p. 78).

De outro lado, uma concepção que pode ser denominada estática de racionalidade parte do pressuposto de que o perito do juízo é imparcial e sabe fazer ciência – pelo simples fato de ser nomeado pelo Judiciário. No sistema da *civil law*, o perito não é uma testemunha e o princípio fundamental é que se acredita na *neutralidade* do profissional (TARUFFO, 2014, p. 91). O juízo somente tem o trabalho de nomear o perito, que já dispõe do argumento de autoridade de ser um assistente institucional da Jurisdição. *Evidente que isso reflete um discurso tendencioso atualmente indevido*, mas como o *expert* é eleito e nomeado pelo juiz sob uma áurea de confiabilidade, criou-se a presunção de que é sempre profissional imparcial e idôneo. Salvo comprovação de flagrante incapacidade técnica ou ocorrência de algumas das hipóteses de suspeição ou impedimento, o perito goza de total confiança e credibilidade. Essa presunção, como efeito colateral indesejado, leva o juiz a deixar de exercer o controle adequado sobre o resultado da perícia e de investigar se a aparente capacitação técnica do perito realmente existe. A conclusão do laudo é transposta para a fundamentação da sentença sem maiores reflexões (ALMEIDA, 2011, p. 77), afinal, o perito é da confiança do juiz.

A dicotomia incomunicável entre a racionalidade estática (*civil law*) e a racionalidade dinâmica (*common law*) *não é mais compatível*, considerando a própria convergência funcional entre as tradições jurídicas: (a) o sistema jurídico brasileiro admite segunda ou terceira perícia, isso quer dizer que nem sempre o perito oficial está certo; (b) o mito da neutralidade não resiste a qualquer verificação cultural dos fatores que são implicados a um processo judiciário, porque, assim como o juiz não é neutro, o perito oficial tampouco tem poderes sobre-humanos para ser neutro; (c) os dispositivos que valorizam a qualificação e a experiência dos profissionais não permitem uma desqualificação do assistente técnico em relação ao perito do juízo, o que ocorre é um fenômeno de *mindset approach* – o perito parte de uma fonte de prova e tenta chegar a uma opinião cientificamente válida, enquanto o assistente técnico parte dos argumentos que protegem o cliente, mas sem descurar do seu compromisso científico, sem descurar de seu juramento profissional, por isso o assistente deve trabalhar com o foco no alargamento ou no estreitamento da margem de erro da perícia, fiscalizando, opinando, interferindo em todos os atos da produção da perícia judiciária;[15] (d) o discurso da "confiança", atualmente, não pode ser categórico em um contexto processual, quando muito se trata de uma diferenciação "de grau" entre um e outro profissional.

Esse contexto quer dizer que a dogmática e o sistema brasileiro contemporâneo não abarca uma lógica estática *versus* dinâmica,

---

[15] A diferença é de metodologia, consiste em uma abordagem diferente. No momento contemporâneo, em que as tradições jurídicas se aproximam cada vez mais – *common law* e *civil law* –, chega a ser impossível tratar um esquema simétrico ou adversarial como "equivocado" e um sistema "inquisitório" como epistemicamente válido. Ambas as famílias jurídicas convergem para uma dimensão epistêmica do processo.

considerando que a simples leitura do Código de Processo Civil permite concluir que a racionalidade atende a um modelo dialógico-responsivo, pelo qual os achados científicos pontuam o norte da perícia. Todavia, isso não permite desqualificar a opinião dos assistentes técnicos, na medida em que eles não são inimigos da ciência, apenas querem emprestar um olhar da ciência pela lente de um ponto de partida diferente, em contraposição ao ponto de partida do perito nomeado pelo juízo. A ciência e a técnica não consistem em uma compilação enciclopédica de conhecimento, antes representam um processo de proposições e refinamentos das explicações teóricas sobre o mundo, sujeitas a subsequentes testes e a novos achados (VÁZQUEZ, 2021, p. 183).

Portanto, o foco do assistente técnico não é melhor nem pior, mas uma linha de visada diferente da utilizada pelo perito oficial, o que *não permite o argumento de autoridade* que proferia julgamentos do tipo "o laudo do perito oficial deve prevalecer porque se trata de discurso elaborado por sujeito de confiança do juízo". Ainda mais em pleno terceiro milênio, em que a fugacidade das informações e constatações varia desde o turno da manhã até o período da tarde – perito e assistente técnico não são diferentes pelo simples fato da posição processual que assumem. Em decorrência, a dicotomia entre perito das partes e perito do juízo não mais permite diminuir axiomaticamente a qualidade científica do trabalho de um profissional. Ambas as famílias jurídicas têm seus problemas, assim como têm soluções que tendem a convergir para um melhor controle da perícia, tudo levando em conta a funcionalidade epistêmica que acena para uma coalizão.

2.2 A desnecessidade da perícia judiciária

O texto do Código de Processo Civil é "perigoso" ao revelar que o juiz *indeferirá* (no imperativo) a perícia quando "for desnecessária em vista de outras provas produzidas". Uma interpretação literal pode ensejar um retrocesso em termos de epistemologia e de busca da verdade no processo civil, para abrir uma brecha e se retornar ao esquema de *subvaloração do meio de prova em benefício de fórmulas vagas* como o "juiz é destinatário da prova" ou o "objetivo da prova é o convencimento do magistrado" (LANES; POZATTI, 2017, p. 503).

A desnecessidade da perícia judiciária deve ser aferida, em primeiro lugar, enquanto uma contraface da relevância do meio de prova atomisticamente considerado. Em decorrência, o raciocínio probatório também leva em conta o contexto da prova (meio de prova em cotejo ao modelo holístico),[16] confrontando as alegações sobre o fato e a perícia judiciária, finalmente chegando a uma conclusão sobre a necessidade da perícia para testar a hipótese de trabalho argumentada. A qualidade da prova a ser inserida no processo deve observar o *standard* de prova (corroboração) para a admissão do meio de prova, que é diferente do *standard* de prova para a valoração do contexto probatório. O grau de "suficiência" da prova *varia ao largo das fases do procedimento probatório* (porque *varia no transcurso vertical do processo*). "Não haveria qualquer sentido em implementar na admissão de *um* tipo de exigências tão altas quanto aquelas estabelecidas para dar por provados os fatos a partir do *conjunto* de provas" (VÁZQUEZ, 2021, p. 244).

A desnecessidade da perícia entabulada no art. 464, §1º, II, do Código de Processo Civil não merece uma compreensão pragmática advinda somente da "cabeça do julgador", porque se trata de dispositivo que remete ao afastamento do *puffing*,[17] previsto como regra de exclusão nas *Federal Rules of Evidence* dos Estados Unidos (*Rule 401*): a perícia judiciária é desnecessária quando sobrecarrega o contexto de maneira prejudicial, levando à confusão no julgamento, nos casos em que esta prova pode não ser concludente, demasiadamente custosa para o processo ou leve a uma perigosa perda de tempo, considerando-se a natureza da causa. Jordi Ferrer Beltrán pontua que a prova supérflua deve ser excluída, porque é preciso "encontrar um adequado ponto de equilíbrio entre duas ideias em tensão. A primeira indica que o grau de corroboração de uma hipótese aumenta com o número de resultados favoráveis obtidos a partir da contrastação. E isso nos conduz à admissão da prova redundante, visto que superaria o teste de relevância. A segunda ideia é de que a abundância de informação pode produzir o denominado 'perigo de transborde' em seu tratamento, tornando muito difícil a tomada de decisões" (FERRER BELTRÁN, 2021, p. 111).

Um exemplo de perícia desnecessária revela uma leitura sistemática do fenômeno probatório processual – não basta a singela leitura do dispositivo do Código de Processo Civil, independente do *background*

---

[16] A valoração deve ser efetuada sobre "cada meio de prova", o que se considera um modelo atomístico, assim como deve ser efetuada sobre o "contexto probatório total do processo", o que se reputa um modelo holístico. Por isso a doutrina utiliza a terminologia *holismo-articulado*.

[17] "*Puffing*" se trata do transborde de prova, o que pode causar um desvio de foco na análise do contexto. Trata-se de uma hipótese que torna a perícia desnecessária – para além da questão da relevância da prova, considerando a controvérsia fática.

dogmático referente à fonte da prova, a despeito do ônus da prova e sem considerar os *standards* de prova, maneira de pensar que, na prática, é avistada em inúmeros processos repetitivos que demandam a desconstituição de contrato supostamente não firmado pelo consumidor. A repetição dos processos acarretou o Tema 1.061 (base no REsp 1.846.649/MA), por intermédio do qual se afirmou que "na hipótese em que o consumidor/autor impugnar a autenticidade de assinatura constante em contrato bancário juntado ao processo pela instituição financeira, caberá a esta o ônus de provar a autenticidade (CPC, arts. 6º, 369 e 429, II)". Se o consumidor postular esse tipo de perícia grafotécnica (e vários consumidores continuam postulando e perdendo tempo no processo), ela poderá ser indeferida pela *desnecessidade* não meramente pragmática, mas se trata de uma situação inserida em um sistema jurídico probatório que é apontado para a prestação da tutela jurisdicional inclinada ao consumidor, portanto, que não pode descurar da natureza do direito em pauta, do peso da evidência requerida e de quem está demandando a produção dessa prova, bem como não pode descartar os custos sociais e econômicos do processo (eficiência). Institutos do direito probatório que devem ser ponderados de maneira conjugada.

2.3 O ponto de inflexão. A perícia judiciária indireta

As fontes da prova pericial são os objetos, coisas ou fenômenos que podem ser examinados (sentido amplo) pelo especialista. Muitas vezes, a passagem do tempo, o fenecimento das pessoas e a mudança dos estados de fato inviabilizam a realização da perícia. O Código de Processo Civil (art. 464, §1º, III) revela que a verificação pericial pode se tornar impraticável. A solução plausível para essas hipóteses é a realização de perícia indireta, que tem previsão legal no próprio sistema jurídico, oportunidade em que o Código de Processo Penal estabelece que "quando a infração deixar vestígios, será indispensável o exame de corpo de delito, direto ou indireto, não podendo supri-lo a confissão do acusado" (art. 158 do CPP).

Ou seja, não havendo a fonte originária para o exame, para a vistoria ou para a avaliação, a perícia judiciária deve trabalhar sobre os vestígios que restaram disponíveis ou em locais análogos para aferir situações como insalubridade e outras condições de trabalho. O Superior Tribunal de Justiça (REsp 1.397.415/RS, Segunda Turma, Relator Ministro Humberto Martins, DJ 12.11.2013) decidiu que se mostra "legítima a produção de perícia indireta, em empresa similar, ante a impossibilidade de obter os dados necessários à comprovação de atividade especial, visto que, diante do caráter eminentemente social atribuído à Previdência, onde sua finalidade primeira é amparar o segurado, o trabalhador não pode sofrer prejuízos decorrentes da impossibilidade de produção, no local de trabalho, de prova, mesmo que seja de perícia técnica". Pode-se argumentar que se trata de prova pericial atípica, em virtude da observação em ricochete. O mesmo ocorre em investigação de vínculo parental, quando ausente o genitor ou predecessor direto, conforme determinou o Superior Tribunal de Justiça (AgInt no AREsp 1.269.554/SP, Relator Ministro Marco Buzzi, Quarta Turma, DJ 06.10.2020): "se o exame de DNA, direto ou indireto, contradiz prova robusta produzida no curso da demanda, impõe-se a conversão do julgamento em diligência, a fim de oportunizar que novos testes sejam realizados. Essa providência pode ser tomada até mesmo pelo julgador em segunda instância, uma vez que não há preclusão *pro judicato* nessa hipótese. No caso em tela, ainda que a oportunidade para realização de testes com múltiplos parentes vivos do suposto pai tenha surgido tardiamente, deve ser convertido o julgamento em diligência, no intuito de encontrar a verdade real a respeito da origem genética da autora".

Em última análise, uma perícia judiciária efetuada em outro processo pode servir como prova emprestada, observando-se as variações dos interesses das partes e o contraditório. Um exemplo disso é utilizar um exame psiquiátrico que avalia a sanidade mental de um sujeito em um determinado momento do passado. Isso não consegue ser efetuado somente com um exame circunstancial e pontual, mas com o auxílio de provas que instrumentalizem o comportamento social do paciente na época em que está sendo debatida a manifestação da "vontade livre". O direito italiano permite que testemunhos de familiares e de pessoas que conviviam com o sujeito sejam úteis na conformação dessa prova, que posteriormente deve passar pelo crivo de um profissional especializado em psiquiatria, neurologia ou psicologia (art. 714 e 419 do *Codice di Procedura Civile*). No direito brasileiro, vale citar que uma perícia que potencialmente pode ser realizada, mas o paciente se furta à determinação judiciária, acaba suprida por uma autêntica ficção legal prevista no Código Civil: "Art. 231. Aquele que se nega a submeter-se a exame médico necessário não poderá aproveitar-se de sua recusa. Art. 232. A recusa à perícia médica ordenada pelo juiz poderá suprir a prova que se pretendia obter com o exame". Em outras hipóteses, a alternativa é dinamizar o ônus da prova ou dividir os riscos da falibilidade judicial com a aplicação da regra prática dos *standards* de prova (CASTRO, 2021, p. 127).

Além da prova emprestada, consagrada na prática dos tribunais, o atual Código de Processo Civil estabelece a possibilidade da realização de perícia em regime de cooperação judiciária. O art. 69, §2º, II, do CPC resolve que, dentre os atos concertados entre juízos, pode haver a "obtenção e apresentação de provas e coleta de depoimentos".[18] Imagina uma série de processos repetitivos em que servidores públicos municipais requerem o adicional de insalubridade. Ao invés de fazer uma perícia para cada processo e determinada por cada juiz de determinada unidade judiciária (o que pode, inclusive, levar a julgamentos incoerentes entre si), é mais interessante que ocorra a cooperação judiciária e seja efetuada uma perícia, sendo que ela possa ser trasladada e aproveitada em todos os processos que tratam sobre o fenômeno postulado. Preserva-se a segurança jurídica e a unidade do direito, com prestígio do princípio da eficiência (art. 8º do CPC), por intermédio de uma técnica de coletivização da prova.

3 A prova técnica simplificada em substituição à perícia judiciária

O perito examina a fonte de prova e apresenta um laudo geralmente escrito no processo civil. As partes podem pedir e o magistrado determinar que o perito ou os assistentes técnicos ainda compareçam em audiência para prestar esclarecimentos sobre o trabalho efetuado (art. 477, §3º, CPC). O atual Código de Processo Civil apresentou a novidade da prova técnica simplificada, *em substituição à perícia formal*, quando o ponto controvertido for de menor complexidade. Trata-se de modalidade *diferente da perícia*, na medida em que o especialista pondera sobre a coisa, a pessoa ou documento e apresenta suas conclusões em audiência – como se fosse um laudo na modalidade oral, mas em questão de menor complexidade.

O profissional que presta depoimento oral *não consiste em uma testemunha propriamente dita*, inclusive, epistemicamente ele não fornece um mero "ato de comunicação", mas entrega uma *informação qualificada ao juízo*. Isso quer dizer que já existe alguma ideia preliminar sobre a fonte de prova, entretanto, é necessária uma complementação explicativa

---

[18] Enunciado 671 do FPPC: O inciso II do §2º do art. 69 autoriza a produção única da prova comum a diversos processos, assegurada a participação dos interessados.

que depende do apoio técnico ou científico instrumentalizado pelo especialista. O intuito do Código de Processo Civil é aparentemente abreviar a formalidade e a morosidade de uma perícia tradicional pela simplicidade que decorre da oitiva de um especialista, tornando oral o passamento da informação que analise um substrato de menor complexidade.

Evidente que nem todas as *fontes de prova* permitem a simplificação, porque às vezes se faz necessária a perícia em seus termos mais complexos. A linha tênue que viabiliza a prova técnica simplificada consiste em uma maior simplicidade na informação que remanesce pendente ao juízo, e isso deve ser resolvido com base no diálogo com as partes. "A prova pericial pode ser científica ou técnica, mas nem toda prova científica ou técnica é pericial" (MEDINA, 2020, p. 769). A prova técnica simplificada é uma categoria diferente da perícia judiciária, efetuada em substituição a essa modalidade de prova.

3.1 A aproximação entre o especialista e a *expert witness*. Um testemunho qualificado no processo civil

A prova técnica simplificada chega a ser chamada de "perícia simples" pela doutrina (NEVES, 2021, p. 834), consistindo na inquirição do especialista técnico ou científico em audiência. A terminologia é "perigosa", porque a prova técnica simplificada *é admitida em substituição à perícia, ou seja, é meio de prova diferente da perícia judiciária*. Além do juiz, é evidente que as partes e o Ministério Público podem formular perguntas ao profissional, seguindo a ordem de interrogação cruzada.

A inspiração da prova técnica simplificada foi buscada no depoimento do *expert witness* previsto no sistema jurídico dos Estados Unidos. Importante ressaltar que essa prova já poderia ser produzida na vigência do Código de Processo Civil de 1973, entretanto, ela seria considerada uma prova atípica. Conforme assinala Angelo Dondi, *a grande inovação não está no conteúdo da prova entregue por um especialista em audiência*, mas se trata de uma colocação da ciência para dentro do processo com uma efetiva participação progressiva das partes e do juiz, que acompanham criticamente o desenvolvimento do depoimento e a respectiva valoração (DONDI, 2001, p. 1135). O papel do magistrado enquanto *managerial judge* (*gatekeeper*) fica sobremaneira saliente na prova técnica simplificada, ratificando a responsabilidade do Judiciário e a responsividade do perito oficial quando se fala na perícia formal. No mesmo sentido, fica adensado o trabalho dos assistentes técnicos, que podem atuar na própria audiência, quando do depoimento do técnico, para explorar as questões do exame, da vistoria ou da avaliação que sejam mais interessantes ao cliente que os contratou.

3.2 A formação acadêmica do especialista e os recursos auxiliares que podem ser utilizados na produção da prova técnica simplificada

Uma espécie de prova técnica simplificada já era prevista no sistema jurídico. A Lei nº 9.099/95 regulamenta que "quando a prova do fato exigir, o juiz poderá inquirir técnicos de sua confiança, permitida às partes a apresentação de parecer técnico" (art. 35). Conforme o Código de Processo Civil atual, uma prova técnica de menor complexidade pode ser admitida nos mesmos termos que acontece no Juizado Especial Cível – a peculiaridade é que essa prova seria considerada *atípica* (art. 369 do CPC), pois o técnico "sem formação acadêmica" não está previsto no Código.

A prova técnica simplificada prevista na tipicidade do art. 464, §3º, do CPC literalmente exige que o especialista tenha formação acadêmica, formalismo que consiste no grande diferencial entre o modelo do Juizado Especial Cível e modelo da Justiça Comum. O especialista apresenta uma *informação qualificada*, tanto que ele pode se valer de "qualquer recurso tecnológico de transmissão de sons e imagens" para viabilizar o entendimento das partes e do juiz.

Art. 465. O juiz nomeará perito especializado[1] no objeto da perícia e fixará de imediato o prazo para a entrega[2] do laudo[2.1].

§1º Incumbe às partes, dentro de 15 (quinze) dias contados da intimação do despacho de nomeação do perito[3]:

I – arguir o impedimento ou a suspeição do perito, se for o caso;

II – indicar assistente técnico;

III – apresentar quesitos.

§2º Ciente da nomeação, o perito apresentará em 5 (cinco) dias[4]:

I – proposta de honorários;

II – currículo, com comprovação de especialização;

III – contatos profissionais, em especial o endereço eletrônico, para onde serão dirigidas as intimações pessoais.

§3º As partes serão intimadas da proposta de honorários para, querendo, manifestar-se no prazo comum de 5 (cinco) dias[5], após o que o juiz arbitrará[5.1] o valor, intimando-se as partes para os fins do art. 95[5.2].

§4º O juiz poderá autorizar o pagamento de até cinquenta por cento dos honorários arbitrados a favor do perito no início dos trabalhos, devendo o remanescente ser pago apenas ao final, depois de entregue o laudo e prestados todos os esclarecimentos necessários[5.3].

§5º Quando a perícia for inconclusiva ou deficiente, o juiz poderá reduzir[5.4] a remuneração inicialmente arbitrada para o trabalho[5.5].

§6º Quando tiver de realizar-se por carta, poder-se-á proceder à nomeação de perito e à indicação de assistentes técnicos no juízo ao qual se requisitar a perícia[5.6].

1 A habilitação profissional do perito. Lacuna técnica (*compliance*) e decorrente equiparação qualitativa entre o perito nomeado pelo Juízo e o assistente técnico

O Código de Processo Civil de 1973 estabelecia que o perito fosse nomeado entre os profissionais de nível universitário, devidamente inscrito no órgão de classe competente (art. 145, §1º). O perito deveria comprovar sua especialidade na matéria em que opinaria, mediante certidão do órgão profissional em que estivesse inscrito (art. 145, §2º). Havia larga discrição para o juiz nomear o perito, bastando que ele tivesse formação universitária e inscrição em órgão de classe (STJ, REsp 1.001.964/MA, Quarta Turma, Relator Ministro Fernando Gonçalves, DJ 09.06.2009) – nesse ponto, fica ainda mais visível a falta de distinção pressuposta entre perito do juízo e assistente técnico, pois a *formação deles é a mesma*.

O Código de Processo Civil de 2015 prevê um requisito a mais para a nomeação do perito do juízo, além de positivar o que a jurisprudência admitia (os tribunais já permitiam a nomeação de pessoa jurídica para a realização da perícia): "Os peritos serão nomeados entre os profissionais legalmente habilitados e os órgãos técnicos ou científicos devidamente inscritos em cadastro mantido[19] pelo tribunal ao qual o juiz está vinculado" (art. 156, §2º, CPC). Além da previsão da nomeação de órgão técnico ou científico, da nomeação de empresa que tenha um corpo de profissionais, ocorre um estreitamento da discrição judiciária, pois a escolha é vinculada ao prévio cadastramento dos peritos em lista organizada pelo órgão público. O art. 156, §3º, do CPC determina que "para formação do cadastro, os tribunais devem realizar consulta pública, por meio de divulgação na rede mundial de computadores ou em jornais de grande circulação, além de consulta direta a universidades, a conselhos de classe, ao Ministério Público, à Defensoria Pública e à Ordem dos Advogados do Brasil, para a indicação de profissionais ou de órgãos técnicos interessados".

Complementando e ratificando as disposições do Código de Processo Civil, a Resolução 233, de 13 de julho de 2016, do Conselho Nacional de Justiça, "dispõe sobre a criação de cadastro de profissionais e órgãos técnicos ou científicos no âmbito da Justiça de primeiro e segundo graus". O artigo 1º da Resolução 233 revolve que "os tribunais brasileiros instituirão Cadastro Eletrônico de Peritos e Órgãos Técnicos ou Científicos (CPTEC), destinado ao gerenciamento e à escolha de interessados em prestar serviços de perícia ou de exame técnico nos processos judiciais, nos termos do art. 156, §1º, do Código de Processo Civil". A doutrina discute o entendimento do art. 6º, parágrafo único, da Resolução 233/2016, que dispõe que "o perito consensual, indicado

---

[19] Além do cadastro no conselho profissional, deve haver o cadastramento junto ao órgão do Judiciário.

pelas partes, na forma do art. 471 do CPC, fica sujeito às mesmas normas e deve reunir as mesmas qualificações exigidas do perito judicial", sendo vedada a nomeação de profissional ou de órgão que não esteja regularmente cadastrado, com exceção do disposto no art. 156, §5º, do CPC (art. 6º, *caput*). Existe entendimento no sentido que as partes não ficariam adstritas aos profissionais cadastrados perante o Judiciário (CONCEIÇÃO, 2018, p. 325).

Porém, a questão central que o Código de Processo Civil estipula e a Resolução 233/2016 confirma não seria quanto à possibilidade de nomeação de peritos "fora da lista". A grande questão que assinala uma ruptura ao velho esquema do século passado é que o cadastro não imputa uma disparidade, em termos de formação e de experiência, considerando uma comparação entre o perito do juízo em relação ao assistente técnico. Reiterando, para o CNJ, o profissional cadastrado pode ser perito do juízo ou assistente técnico, isso não lhe retira a credibilidade. Inclusive, porque peritos podem trabalhar como assistentes técnicos e vice-versa, a depender do processo. Esse *fenômeno social e jurídico, portanto, não permite mais o axiomático julgamento (ou legítimo pré-julgamento) que se valia do argumento de autoridade* para simplesmente dizer que "a nomeação do perito pelo juízo faria dele um profissional com razão ou com mais razão que o assistente técnico da parte". Apriorismos dessa magnitude não são atualmente aceitos em termos epistêmicos, tendo em vista o próprio direito positivado brasileiro.

O ponto de equiparação racional entre perito do juízo e assistente técnico leva em conta a possibilidade de as partes contratarem profissional cadastrado no CPTEC, assim como a previsão do negócio processual por intermédio do qual as partes podem indicar um perito em comum acordo (art. 471 do CPC). Alguma diferença entre perito e assistente técnico poderia ser suscitada se o art. 156, §3º, do CPC e o art. 5º, §2º, da Resolução 233/2016 fossem realmente colocados em vigor. Os dispositivos são programáticos, no sentido de que os tribunais realizarão avaliações e reavaliações periódicas para a manutenção do CPTEC, considerando a formação do profissional, a atualização do conhecimento e a experiência dos peritos interessados. A aferição de desempenho e capacitação é dependente de um "programa de integridade" (*compliance*) que realmente verifique o aprimoramento dos profissionais (GUASTINI, 2011, p. 133). O Decreto 8.420/2015 expressamente regulamenta (artigo 41): "Para fins do disposto neste Decreto, programa de integridade consiste, no âmbito de uma pessoa jurídica, no conjunto de mecanismos e procedimentos internos de integridade, auditoria e incentivo à denúncia de irregularidades e na aplicação efetiva de códigos de ética e de conduta, políticas e diretrizes com objetivo de detectar e sanar desvios, fraudes, irregularidades e atos ilícitos praticados contra a administração pública, nacional ou estrangeira. Parágrafo Único. O programa de integridade deve ser estruturado, aplicado e atualizado de acordo com as características e riscos atuais das atividades de cada pessoa jurídica, a qual por sua vez deve garantir o constante aprimoramento e adaptação do referido programa, visando garantir sua efetividade". *O programa de integridade é plenamente aplicável aos órgãos públicos*, em todas as esferas da república (VIADA BARDAJÍ, 2018, p. 193). A Lei nº 13.303/2016, que dispõe sobre o estatuto das empresas estatais, no art. 9º, determina que "a empresa pública e a sociedade de economia mista adotarão regras de estruturas e práticas de gestão de riscos e controle interno". A Lei nº 13.848/2019, que dispõe sobre a gestão, organização, processo decisório e controle social das agências reguladoras prevê o programa de integridade no art. 3º, §3º, ao salientar: "As agências reguladoras devem adotar práticas de gestão de riscos e de controle interno e elaborar e divulgar programa de integridade, com o objetivo de promover a adoção de medidas e ações institucionais destinadas à prevenção, à detecção, à punição e à remediação de fraudes e atos de corrupção". O Decreto 9.203/2017, que dispõe sobre a política de governança da Administração Pública federal direta, autárquica e fundacional, nos artigos 2º e 3º, determina a observação de uma gestão de riscos embasada em programa de integridade. O *compliance* é imperativo em todos os desdobramentos da Administração Pública.

Na medida em que não se têm notícias de um programa de integridade que verifique a capacitação de profissionais cadastrados no CPTEC, *inadmissível desqualificar o assistente técnico perante o perito do juízo em decorrência da singela questão terminológica*, ainda mais considerando que a diferença entre esses profissionais é referente a um *mindset approach (uma mentalidade de trabalho)*. O sistema jurídico não permite uma separação apriorística, preconceituosa ou decorrente de uma inconcebível pré-compreensão, que outrora colocava o perito do juízo em um pedestal inatingível. O funcionamento randômico ou aleatório na escolha do perito assinala uma impessoalidade à nomeação, consequentemente, mitiga o *vetusto discurso da confiança em um auxiliar do juiz*. O perito é auxiliar da Justiça, mas a falta de "confiança" do juiz em relação ao assistente técnico não significa "desconfiança" do juiz em relação a esse profissional. Podem não haver razões para confiar, mas tampouco existem razões para desconfiar (VÁZQUEZ, 2021, p. 139).

Isso vale tanto para o perito como para o assistente técnico em termos de impessoalidade. Inclusive, porque o discurso da confiança jamais pode ser categórico, apenas retrata uma eventual ou episódica diferença "de grau". Marina Gascón Abellán efetua uma crítica sincera e frontal à tese de Carmen Vázquez, ao enfatizar: "não estou segura de que um modelo deferencial possa ser considerado racional, por mais que se trate de um perito de confiança do juiz. As razões que justificam a confiança no perito (sua competência e seus motivos para atuar) não garantem a veracidade dos resultados da prova, pois para além da possível presença de interesses espúrios do perito, pode haver déficit e vieses cognitivos na perícia, ou, simplesmente, erros em sua realização, más interpretações ou sobrevalorizações de seus resultados" (VÁZQUEZ, 2021, p. 12-13). O cadastro em corporações profissionais é plenamente aplicável aos cientistas, mas esse qualificador não afasta do processo um compartimento técnico que eventualmente não tenha associação de classe (por exemplo, um técnico em podologia ou um técnico em prótese dentária).

2 A produção da prova pericial: o procedimento probatório (abordagem analítica) e o modelo dialógico-responsivo (abordagem hermenêutica). Em especial: *witness conferencing* ou *hot tubbing*

A concepção estática e a concepção dinâmica da racionalidade científica foram abordadas enquanto arquétipos de aproximação aos sistemas jurídicos da *common law* e da *civil law*. A presente seção aprofunda a linha de visada, partindo dessa bipartição classicamente respaldada pela doutrina.

O processo romano clássico guarda mais afinidades com a tradição processual da *common law*, ao invés de ser mais assemelhado à tradição processual da *civil law* (CAPPELLETTI, 2010, p. 107). Levando em conta fundamentos históricos em comparação, não haveria desculpas para a não utilização de institutos da *common law* em direito continental, ainda mais em se considerando o advento da globalização e a contínua aproximação entre as tradições jurídicas. A proteção da segurança jurídica e a *igualdade perante o direito*, na virtude dos precedentes, assinalam que as diferenças entre os sistemas são mais de cunho metodológico do que dogmático-institucional. Somente na hipótese de uma caracterização forçada e dicotômica de séculos passados, a figura de um sistema criado pelos juízes (*common law*) seria absolutamente diferente de um sistema criado pelos legisladores (*civil law*). No terceiro milênio, a diferença simplesmente metódica é que os juízes da *common law* resolvem os casos partindo da análise dos fatos, enquanto os juízes do *civil law* resolvem os casos tendo como premissa maior a legislação (SCHAUER, 2021, p. 113-114). O ponto de chegada caminha para ser equivalente, mas o ponto de partida destaca uma gestão argumentativa pontualmente marcada por essa heurística. *Fenômeno de aproximação entre as tradições que também acontece na colocação da ciência e da técnica para dentro do processo.*

A fase de produção da perícia judiciária ou a fase de inserção da ciência no processo civil é de fundamental importância para evitar a indevida "delegação da jurisdição" ao perito – *quando o juiz não decide e apenas se reporta à conclusão do laudo pericial*. O manuseio do Código de Processo Civil de 1973 e as clássicas noções teóricas sobre a metodologia científica do século passado permitiam que o juiz *nomeasse um perito de sua confiança e depositasse nele toda a responsabilidade da prova*. A antiga concepção sobre a natureza da perícia, divulgada pela doutrina de Pontes de Miranda, colaborou decisivamente para que a "credibilidade" do perito fosse confundida com a "confiança" e com a "eficácia" inseridas em um método pericial miraculoso. A implacável evolução científica, a colocação da tutela jurisdicional como núcleo da teoria do processo civil e a imposição constitucional da observação do contraditório material na produção da prova alteraram essa maneira de pensar (CASTRO, 2018, p. 468-469): um modelo que outrora seria meramente conceitual e classificatório, que não permitia imaginar os pontos de inflexão científicas da contemporaneidade (explicitados em percentuais de erro ou na impossibilidade de certeza), foi superado pelo saber científico e pela maneira de pensar na perícia em termos de processo civil. Por isso a produção da perícia judiciária deve ser diagramada em duas fases: uma *abordagem procedimental* (analítica) e uma *abordagem hermenêutica* (modelo dialógico-responsivo).

Conforme o art. 357, §8º, do Código de Processo Civil, "caso tenha sido determinada a produção de prova pericial, o juiz deve observar o disposto no art. 465 e, se possível, estabelecer, desde logo, calendário para sua realização". *O calendário processual envolve a série de atos processuais para a produção da prova pericial, conforme as premissas regulamentadas no sistema.* Quando não é o caso de negócio processual ou de dispensa da perícia (artigos 471 e 472 do CPC), o juízo nomeará o perito e fixará o prazo para que ele apresente o laudo, pelo menos vinte dias antes da audiência de instrução e julgamento (art. 477). Evidente que esse prazo pode ser alterado em se tratando de perícia complexa (art. 475).

O despacho que nomeia o perito já intima as partes, que terão o prazo de quinze dias para arguir impedimento ou suspeição do profissional, bem assim indicar assistentes técnicos e apresentar quesitos (art. 465, §1º). Nesse meio tempo, no prazo de cinco dias, o perito apresentará sua proposta de honorários e demais documentos (art. 465, §2º). A técnica processual determina que as partes sejam informadas sobre o local e data indicados pelo perito para a realização ou início da diligência (art. 474), de maneira que possa haver pleno acompanhamento dos trabalhos, inclusive, com filmagem das atividades do perito praticadas *in loco*. O acompanhamento não se restringe ao início da perícia, mas a todos os atos praticados, abarcando novas visitas, análises de documentos, complementação de exames, dentre outros (art. 466, §2º). Juntada a proposta de honorários, as partes terão cinco dias para se manifestar (art. 465, §3º) e o juiz efetuará o arbitramento (observando o encargo atribuído pelo art. 95). Apresentado o laudo pericial em juízo, as partes e assistentes técnicos terão quinze dias para se manifestar, formularem quesitos suplementares e postularem a oitiva do profissional em audiência (art. 477, §1º e §3º). O juiz também poderá (deverá) apresentar quesitos suplementares, caso haja contradições significativas (art. 470, II) ou necessidade de esclarecimentos. O esquema da perícia judiciária se desenvolve nessa sequência lógica e cronologicamente predisposta de atos processuais. William Santos Ferreira adverte que "a prova pericial não é exclusivamente o laudo pericial, mas sim todo o conjunto de atos processuais especificamente voltados à apresentação de elementos para a busca da solução de questões fáticas técnicas ou científicas, elementos estes que não se resumem aos trazidos pelo perito judicial, mas também pelos assistentes técnicos e pelas próprias partes" (FERREIRA, 2015, p. 205).

A abordagem procedimental organiza os atos processuais em premissas. A abordagem hermenêutica não é resolvida em etapas, antes reflete a concepção que o Código de Processo Civil efetivamente construiu ao tratar da perícia judiciária. *Como se os dispositivos individualizados não emplacassem um norte interpretativo, mas a totalidade desses dispositivos e a noção de sistema implicassem sentido global à verdadeira maneira de compreender e aplicar a prova pericial no Brasil* (GUASTINI, 2011, p. 32-33). A dogmática tem facilidade para identificar duas modalidades de funcionamento da perícia judiciária, o que remete a uma terceira modalidade, se bem observadas as ferramentas que o Código de Processo Civil de 2015 proporciona. Uma primeira rotina (a) pode ser denominada *modelo deferencial* e consiste na autorrestrição judicial que nomeia um perito "credenciado" (CPTEC) que é estranho às partes. Uma segunda rotina (b) pode ser chamada *modelo prudencial* e democratiza a participação das partes por intermédio da nomeação de assistentes técnicos que desenvolvem o trabalho científico ou técnico, com seriedade epistêmica, embora com diversidade em termos de *mindset approach*.

O problema da literatura do século XX é que esses modelos eram antevistos como antípodas – da mesma forma que se falava em processo inquisitório *versus* processo adversarial, também se comentava acerca do perito do juízo *versus* a presença dos assistentes técnicos. O primeiro sistema seria natural ao direito continental e o segundo sistema seria utilizado na tradição da *common law*. O interessante é que o Brasil adotou soluções mistas para diversas questões processuais, inclusive, em termos de formalismo na produção da perícia judiciária. A cooperação judicial é norma fundamental do processo, consiste em autêntico modelo de processo civil. *Um modelo intermediário ao inquisitório e ao adversarial*, pelo qual "todos os sujeitos do processo devem cooperar entre si para que se obtenha, em tempo razoável, decisão de mérito justa e efetiva" (art. 6º). Logo, a maneira de pensar o processo se reflete na perícia judiciária, porque não se pode dizer que o Código de Processo Civil adotou um modelo totalmente deferencial ou absolutamente prudencial (CAMPOS, 2014, p. 180-181). Seria paternalismo epistêmico dizer que os assistentes técnicos sofrem de uma autorrestrição "estrutural", mas, ao mesmo tempo, deixar de afirmar que a falta do direito de influência e a vedação da decisão surpresa, na produção da prova testemunhal do perito, configuram uma quebra da democratização do direito fundamental à prova e à própria ampla defesa. O processo cooperativo tem como pilares conteudistas o contraditório material, o dever de fundamentação consistente (art. 489, §1º, também aplicável ao perito) e a igualdade perante o direito (respeito aos precedentes). Isso enfeixa um estado de coisas que deve ser observado na perícia judiciária, porque todos os colaboradores têm compromisso epistêmico – maior ou menor, mais flexível (perito) ou mais focado no apontamento da margem de erro da perícia (assistente técnico), mas se trata de compromisso juramentado pela ciência, pela vocação (sem paternalismos institucionais).

O discurso da "confiança" na pessoa do perito oficial é superado pelo alvitre do "credenciamento" e "atualização profissional", o que não rebaixa qualitativamente a função do assistente técnico. Pelo contrário, o assistente técnico desafia o perito do juízo em nome da parte e em nome da própria ciência ou da técnica, já *não persistindo o argumento de que o parecer técnico vem pré-formatado para ser apresentado em juízo*.

Afinal, o assistente técnico pode acompanhar os movimentos do perito no decorrer de todo o itinerário processual, fiscalizando, postulando esclarecimento, contrapondo entendimentos e apresentando provas em sentido diverso. O assistente técnico discute seriamente o conteúdo e a qualidade do método e das técnicas empregadas, exercitando o contraditório como instrumento de controle do perito e como ferramenta de apoio cognitivo do juiz (VÁZQUEZ, 2021, p. 309). Ninguém sabe tudo e ninguém está livre das lacunas epistêmicas, sendo que o risco da monopolização das informações no laudo do perito é enorme, pondo em dúvida a solução de questões técnicas. "Eventuais erros, involuntários ou não, dificilmente são controláveis se não houver um contraditório efetivo em que as partes possam realmente participar, apresentando posicionamentos críticos em relação ao que foi apresentado pelo perito judicial e que sejam efetivamente considerados pelo juiz no momento da valoração da prova" (FERREIRA, 2015, p. 205). A estraneidade (hetero participação) do perito oficial na origem de sua nomeação não quer dizer que os achados sejam certeiros ou mais qualificados que os achados dos demais especialistas que trabalham para os atores do processo. A parcialidade na escolha do assistente técnico não remete a um esquizofrênico abandono epistêmico. O processo não se trata de uma "relação jurídica estática" que mantém a qualidade da perícia em razão do credenciamento institucional do perito oficial. Da mesma forma, indesejável que a perícia somente possa ser impugnada quando da apresentação do laudo. Esse momento derradeiro já condiciona o juízo e malfere a defesa das partes, sendo necessária uma metodologia de trabalho dinâmica, um real procedimento em contraditório que previna a própria aceitação (FAZZALARI, 2006, p. 33), pelo juízo, de achados destemperados pela ciência ou técnica qualificada.

Danilo Knijnik assegura que os assistentes técnicos merecem uma revalorização, valendo aqui a contribuição do direito comparado, ambiente em que protagonizam um debate franco a respeito da ciência internalizada ao processo (KNIJNIK, 2017, p. 154). No mesmo sentido do modelo cooperativo do processo, a perícia judiciária, atualmente prevista no Código de Processo Civil, abarca um *modelo dialógico-responsivo*, que pode culminar na *witness conferencing* ou *hot tubbing* adotada no processo arbitral. Não se trata de uma acareação entre profissionais, antes é uma conferência na qual eles se reúnem e discutem panoramicamente a questão, defendendo pontos de vista e alertando sobre as lacunas pendentes de esclarecimento. As evidências trazidas por perito e assistentes técnicos em conferência vão se influenciando reciprocamente e encaixando as peças de um mosaico que resulta no achado científico ou técnico.[20] Essa modalidade em conferência equipara perito e assistentes técnicos, salientando um modelo cooperativo na realização da prova. Além disso, a perspectiva da "confiança" na pessoa do perito é arrefecida pela série de técnicas para a escolha randômica desse profissional, bem como é mitigada pelo crescente aprimoramento e especialização dos assistentes técnicos, que, não raramente, contam com mais qualificação e rodagem do que o perito do juízo. Ninguém duvida de que os detentores do capital contratam os melhores cientistas ou técnicos do país para lhes assistirem no processo. Portanto, todas as passagens da perícia devem ser efetuadas em contraditório, encarregando-se o perito de considerar o que foi alegado pelos assistentes técnicos.

A decisão que meramente se reportar ao mito da "supremacia semântica dos dizeres do perito oficial sobre as alegações dos assistentes técnicos" está completamente fora de sintonia no terceiro milênio. A diferença entre o trabalho dos profissionais é simplesmente metodológica – assim como se falou da metodologia da *common law* e da *civil law*. Enquanto o perito oficial parte dos fatos para chegar a uma conclusão, os assistentes técnicos partem de uma concepção jurídica que permeia os fatos, fiscaliza e explora a margem de erro da perícia, mas para também chegar a uma conclusão que tenha suporte epistêmico. A diferença é decorrente do *mindset approach* em nome da ciência (como se fosse a igualdade perante a ciência). A valoração racional da prova pericial depende de uma produção dessa prova com respeito à abordagem procedimental e à abordagem hermenêutica. Em caso contrário, a prova já chega contaminando a valoração efetuada pelo magistrado no momento da tomada de decisão. Apesar dos entraves decorrentes de interesses particulares e institucionais, as notas concertadas nos dispositivos e nas normas do Código de Processo Civil condensam a dicotomia entre deferência e prudência a uma busca epistêmica dialógica-responsiva, qualificada pela conferência ou *hot tubbing*, levando em conta o "tratamento do conflito", tudo em benefício do achado técnico ou científico mais comprometido com a tecnologia.

---

[20] A conferência de profissionais é decorrente do tratamento de "conflitos", ao invés de uma simples atribuição de direitos pelo processo (que outrora teria uma mecânica dicotômica). Por isso que essa modalidade é bastante comum no processo estrutural, um processo policêntrico por intermédio do qual as partes mantêm posições jurídicas e também zonas de interesses não necessariamente autoexcludentes.

2.1 A produção antecipada da prova (produção autônoma da prova)

A produção antecipada da prova consiste em um autêntico direito autônomo de provar. O próprio Código de Processo Civil retira a natureza meramente cautelar do procedimento, afastando a referibilidade desse pedido de antecipação de produção da prova em relação a uma ação principal.

A parte deverá indicar que existe "fundado receio de que venha tornar-se impossível ou muito difícil a verificação de certos fatos na pendência da ação; a prova a ser produzida seja suscetível de viabilizar a autocomposição ou outro meio adequado de solução de conflito; ou o prévio conhecimento dos fatos possa justificar ou evitar o ajuizamento de ação" (art. 381, I, II e III, CPC). Embora não se admita defesa ou recurso (art. 382, §4º, CPC), Bruno Sampaio Fuga alerta que ocorre uma limitação do direito de defesa, mas não a restrição total. Logo, "o réu poderá alegar questões de ordem pública, ilegitimidade, falta de interesse de agir, inadequação do meio de prova, existência de ação anterior com idêntico objeto, contraditar testemunhas, alegar incompetência absoluta e apontar contradições a direitos fundamentais" (FUGA, 2021, p. 130).

A perícia judiciária merece atenção especial, porque um *procedimento defasado em sua origem deixa as partes sem influência sobre o laudo*. A questão é ainda mais delicada porque o *standard* científico que pauta as diversas ciências colocadas para dentro do processo tem forte poder de influência sobre o juiz, no momento de valoração da prova. Observa que cada ciência, cada compartimento do saber humano tem um *standard* de probabilidade em direção ao achado reputado verdadeiro. Esse *standard* "não" se confunde com o *standard* de prova jurídico.[21] O *standard* de prova jurídico é utilizado pelo juiz

---

[21] O Superior Tribunal de Justiça modificou o próprio entendimento majoritário, ao julgar procedente a pretensão pelo dano extrapatrimonial, quando presente um desarrazoado "vício do produto", mas ausente o "fato do produto" em sentido ortodoxo ou tradicional. Tratava-se de uma demanda em que uma pessoa adquiriu uma garrafa de líquido, sendo que dentro da garrafa havia um corpo estranho – *o consumidor sequer ingeriu o líquido, o que não preencheria o standard científico para aferir uma contaminação*. Entretanto, levando em conta o *standard* de prova jurídico, o STJ considerou que houve falha de segurança (art. 6º, I, do CDC), havendo motivos para a responsabilização civil: "O propósito recursal consiste em determinar se, para ocorrer danos morais em função do encontro de corpo estranho em alimento industrializado, é necessária sua ingestão ou se o simples fato de sua comercialização com corpo estranho ao produto vendido é suficiente para a configuração do dano moral. A aquisição de produto de gênero alimentício contendo em seu interior corpo estranho, expondo o consumidor à risco concreto de lesão à sua saúde e segurança,

que tomará a decisão sobre a alegação acerca dos fatos. Por exemplo, um exame de DNA tem 99.9998% de probabilidade. O juiz considerará essa alta tendência na decisão, mas fazendo valer o *standard* de prova jurídico para determinada decisão. Para condenar alguém à pena de prisão, o *standard* de prova deve ser de altíssima probabilidade sobre a culpabilidade. De outro lado, para reputar a nulidade de um contrato, o *standard* de prova pode ser mediano, sem prevalência entre os contendores.

O modelo de produção da perícia pode ser discutido, inclusive, a respeito da nomeação dos assistentes técnicos, no tocante à formulação de quesitos, em relação ao acompanhamento do perito *in loco* e tendo em vista a impugnação do perito e a resposta aos quesitos. A jurisprudência que embasa o entendimento do Superior Tribunal de Justiça, na atualidade, está superada pela constitucionalização do processo civil: "A decisão proferida na ação cautelar de produção antecipada de provas é meramente homologatória, que não produz coisa julgada material, admitindo-se que as possíveis críticas aos laudos periciais sejam realizadas nos autos principais, oportunidade em que o Magistrado fará a devida valoração das provas" (REsp 1.191.622/MT, Terceira Turma, Relator Ministro Massami Uyeda, DJ 08.11.11).

A produção antecipada da prova não se resolve apenas com a valoração do juiz, mas o procedimento da feitura da perícia deve ser paritário para preservar o julgador de condicionamentos e vieses derivados de um laudo sem a fiscalização pelas partes. Danilo Knijnik pontua que "uma má formação do juízo de admissibilidade das provas contaminará as etapas sucessivas que terão por objeto materiais insuscetíveis de consideração pelo julgador. O princípio do livre convencimento nada tem a ver com a admissibilidade da prova em si. Tal princípio entra em operação somente após exaurido o processo de seleção do material que pode compor o objeto de seu exercício. Segue-se que, viciada a etapa preliminar, a valoração estará

---

ainda que não ocorra a ingestão de seu conteúdo, dá direito à compensação por dano moral, dada a ofensa ao direito fundamental à alimentação adequada, corolário do princípio da dignidade da pessoa humana. Hipótese em que se caracteriza defeito do produto (art. 12, CDC), o qual expõe o consumidor a risco concreto de dano à sua saúde e segurança, em clara infringência ao dever legal dirigido ao fornecedor, previsto no art. 8º do CDC. Na hipótese dos autos, a simples comercialização de produto contendo corpo estranho possui as mesmas consequências negativas à saúde e à integridade física do consumidor que sua ingestão propriamente dita" (REsp 1.801.593/RS, Terceira Turma, Relatora Ministra Nancy Andrighi, DJ 13.09.2019). Tudo isso para reiterar que o *standard* de prova jurídico, na tomada de decisão judiciária, "sobrepõe-se" ao *standard* de prova científico (pertinente a cada ciência, por exemplo, medicina, farmácia, engenharia, dentre outras). Verificar texto escrito justamente sobre a evolução do entendimento do STJ (CASTRO, 2022).

prejudicada. É procedimento, a nosso ver, irrealizável a manutenção de valoração judicial exercida, livremente, sob bases equivocadas ou com acesso a material viciado, do que resulta a necessidade de distinguir os planos em questão, para um funcionamento adequado do princípio da persuasão racional. Se uma teoria não pode ser bem aplicada à míngua de rigorosa observância de procedimentos de aplicação, por certo seu resultado não poderá ser habilitado à livre valoração do juiz" (KNIJNIK, 2017, p. 136). Isso vale para a admissibilidade da prova e, principalmente, para a fase de produção da prova, porque o contraditório forte e a possibilidade da fiscalização da perícia, pelas partes e pelos assistentes técnicos, consistem em providências decisivas para a salvaguarda de um trabalho técnico ajustado e com metodologia razoável – um modelo dialógico-responsivo deve ser preservado em todos os desdobramentos do processo civil.

3 Intimação do despacho de nomeação do perito e movimento das partes

O despacho que nomeia o perito do juízo destaca o prazo comum de quinze dias para que as partes suscitem o impedimento ou a suspeição do profissional, indiquem assistentes técnicos e apresentem quesitos. A suspeição ou impedimento do perito serão apontados por petição dirigida ao juiz da causa, no prazo de quinze dias (art. 146 do CPC). Em seguida, será processado o incidente em separado e sem a suspensão do processo (art. 148, §2º, CPC). A indicação do assistente técnico e a formulação de quesitos consistem em ônus processuais da parte interessada. A não apresentação dos quesitos nesta oportunidade não inviabiliza a formulação de quesitos suplementares (art. 469). Os prazos assinados são impróprios, conforme decisão do Superior Tribunal de Justiça: "O prazo para indicação de assistente técnico e formulação de quesitos não é preclusivo", desde que não cause embaraço à continuidade do trabalho pericial (AgRg no AREsp 554.685/RJ, Quarta Turma, Relator Ministro Luis Felipe Salomão, DJ 16.10.2014).

4 A manifestação do perito ciente da nomeação

Intimado da nomeação, o perito se manifestará em cinco dias, apresentando a proposta de honorários, currículo atualizado e os contatos profissionais para viabilizar a comunicação eletrônica. O prazo é impróprio e pode ser relativizado. O currículo até poderia ser dispensado, porque tudo indica que o profissional já estaria cadastrado junto ao órgão Judiciário (Resolução 233/2016 do CMJ). De qualquer maneira, a titulação informada ao Conselho Nacional de Justiça pode estar defasada.

Nieva Fenoll adverte que é interessante o perito apontar o grau de especialização na matéria, a publicação de ensaios ou a participação em congressos, bem assim o caráter habitual ou excepcional de ter desenvolvido trabalho como perito processual (NIEVA FENOLL, 2010, p. 289). A ausência de qualificação do perito pode ser conhecida neste momento ou em ato processual futuro, viabilizando o pedido de substituição perante o juízo. Um currículo robusto pode circunstanciar a valoração da prova.

5 As partes se manifestarão sobre a proposta de honorários

As partes terão prazo comum de cinco dias para se manifestar sobre a proposta de honorários. A precificação das perícias deve ser razoável, do contrário, o próprio acesso à justiça pode ficar prejudicado. Nesse sentido, havendo uma desarrazoada exasperação da proposta de honorários, esse fator pode ser ponderado em juízo para a substituição do perito ou para a nomeação de um perito por negócio processual (art. 472 do CPC). O art. 95 do Código de Processo Civil estabelece que a parte que requereu a perícia deve adiantar o pagamento dos honorários ou efetuar o pagamento de metade do valor (art. 465, §4º). "Cada parte adiantará a remuneração do assistente técnico que houver indicado, sendo a do perito adiantada pela parte que houver requerido a perícia ou rateada quando a perícia for determinada de ofício ou a requerida por ambas as partes". Não cabe agravo de instrumento para impugnar o valor arbitrado ou demais questões sobre os honorários, mas é cabível o mandado de segurança, quando obstado o direito de acesso à Justiça. A novidade a respeito dessa despesa consiste no rateio, quando a perícia for determinada de ofício ou a requerimento de ambas as partes.

5.1 O juízo arbitrará o valor dos honorários periciais

O perito apresenta a proposta de honorários, em seguida, as partes se manifestam. Dependendo dos argumentos, considerando as peculiaridades do caso e situações similares, o juiz arbitrará o valor dos honorários. Em última hipótese, pode substituir o perito com base no princípio da eficiência[22] (art. 8º do CPC). Os honorários devem ser recolhidos na forma do art. 95 do Código de Processo Civil. "O juiz pode determinar que a parte responsável pelo pagamento dos honorários deposite em juízo o valor correspondente" (art. 95, §1º).

5.2 Honorários periciais e benefício da justiça gratuita

O art. 95, §3º, do Código de Processo Civil estipula que na hipótese de o pagamento da perícia ser da responsabilidade de beneficiário de gratuidade da justiça, ela poderá ser "custeada com recursos alocados no orçamento do ente público e realizada por servidor do Poder Judiciário ou por órgão público conveniado". Além disso, a prova poderá ser paga com recursos alocados no orçamento da União, do Estado ou do Distrito Federal, no caso de ser realizada por particular, oportunidade em que o valor será fixado conforme tabela do tribunal respectivo ou, em caso de sua omissão, do Conselho Nacional de Justiça.

Na prática, os juízes têm dificuldades para encontrar um perito que concorde em receber os valores pré-fixados nas tabelas oficiais, porque não chega a ser muito rentável para o profissional. O Conselho Nacional de Justiça promulgou a Resolução 127/2011, para regulamentar esses casos: "Art. 1º Recomenda-se aos Tribunais que destinem, sob rubrica específica, parte do seu orçamento ao pagamento de honorários de perito, tradutor ou intérprete, quando, nos processos de natureza cível, à parte sucumbente no objeto da perícia for deferido o benefício da justiça gratuita. Art. 2º Os Tribunais poderão manter banco de peritos credenciados, para fins de designação, preferencialmente, de profissionais inscritos nos órgãos de classe competentes e que comprovem a especialidade na matéria sobre a qual deverão opinar, a ser atestada por meio de certidão do órgão profissional a que estiverem vinculados. Art. 3º As Presidências dos Tribunais ficam autorizadas a celebrar convênios com profissionais, empresas ou instituições com notória experiência em avaliação e consultoria nos ramos de atividades capazes de realizar as perícias requeridas pelos juízes".

---

[22] Em uma ação renovatória de aluguel de loja de "shopping center", um perito requereu o arbitramento de honorários que equivaliam mais que o preço do aluguel. No caso concreto, tratou-se de um encarecimento desmesurado do processo, rendendo motivação para a substituição do perito por outro que atuava perante o juízo e tinha condições de praticar a mesma avaliação na hipótese em demanda. Sem descurar que esse tipo de "perícia" poderia até ser dispensada por uma espécie de pesquisa de mercado, conforme previsão do art. 871, IV, do CPC (em nome da eficiência processual).

Existe a previsão da substituição do perito que não concordar com os honorários previstos na tabela formulada pelo Conselho Nacional de Justiça e utilizada pelos órgãos judiciários. Pelo mesmo motivo, se um perito postular o arbitramento de honorários muito caros à realidade do processo e das partes, isso consiste em motivo razoável para a substituição do perito. O Superior Tribunal de Justiça decidiu que "Nos termos da jurisprudência dominante deste Tribunal, os benefícios da assistência judiciária gratuita incluem os honorários do perito, devendo o Estado assumir os ônus advindos da produção da prova pericial. Caso o perito nomeado não consinta em receber seus honorários futuramente, do Estado ou do réu, se este for vencido, deve o juiz nomear outro perito, devendo a nomeação recair em técnico de estabelecimento oficial especializado do ente público responsável pelo custeio da prova pericial" (REsp 1.356.801/MG, Terceira Turma, Relatora Ministra Nancy Andrighi, DJ 18.06.2013). A Resolução 232/2016 do Conselho Nacional de Justiça regulamentou uma tabela de valores a serem pagos aos peritos, em processos nos quais as partes fruem da gratuidade da justiça. De qualquer maneira, o beneficiário da justiça gratuita não tem muita escolha, ele aceita o perito que está disposto a perceber a remuneração oferecida pelos órgãos públicos ou deve providenciar um jeito de pagar os honorários arbitrados pelo perito do juízo. Também existe a possiblidade de a perícia ser efetuada em órgãos oficiais credenciados junto aos Tribunais, bem assim a hipótese de a perícia ser realizada pelo departamento médico do órgão judiciário, quando se dispõem desses servidores efetivos no quadro funcional da Administração dos Tribunais.

5.3 O pagamento parcelado dos honorários arbitrados

O juiz poderá autorizar o pagamento de até cinquenta por cento (50%) dos honorários periciais arbitrados, sendo o restante pago somente quando o laudo for entregue e todos os esclarecimentos forem prestados. Em um ambiente de efetiva cooperação processual, o juiz poderá conceder um parcelamento mais alargado, em analogia ao art. 98, §6º, do Código de Processo Civil. Na hipótese de inadimplemento, o perito poderá executar o crédito arbitrado em decisão judicial (art. 515, V, do CPC), observada a prescrição (cinco anos, conforme art. 206, §5º, II, do Código Civil).

5.4 A redução proporcional dos honorários do perito

No caso de perícia inconclusiva ou deficiente, o juiz poderá reduzir a remuneração inicialmente arbitrada. Isso confirma a possibilidade de alargar o parcelamento dos honorários (art. 98, §6º), porque se é possível a minoração dos honorários, também seria possível a flexibilização da forma de pagamento. Em caso de substituição do perito, os honorários devem ser pagos na proporção do trabalho realizado (art. 468) – tendo em vista que é presumível que outro perito já tenha efetuado diligências.

5.5 Dinamização do ônus da prova e adiantamento dos honorários do perito

A dogmática indica que a dinamização ou até a inversão do ônus da prova atribui consequências à parte diversa da originalmente onerada, mas *sem que isso acarrete o dever de o demandado adiantar os honorários do perito*. O Superior Tribunal de Justiça decidiu que quanto "a simples inversão do ônus da prova, o sistema do Código de Defesa do Consumidor não gera a obrigação de custear as despesas com a perícia, embora sofra a parte ré as consequências decorrentes de sua não-produção" (REsp 1.073.688/MT, Primeira Turma, Relator Ministro Teori Zavascki, DJ 12.05.2009).

O entendimento tem efeitos práticos desastrosos, porque a parte hipossuficiente acaba sendo descuidada e muitos processos ficam se arrastando à procura de um perito que aceite a remuneração oferecida pelo órgão judiciário em caso de justiça gratuita. *A inversão do ônus da prova não pode servir apenas como uma regra de decisão, descuidando do aspecto subjetivo dessa variação de encargo.*

Em outro julgado (STJ, REsp 1.237.893/SP, Segunda Turma, Relatora Ministra Eliana Calmon, DJ 24.09.2013), o tribunal suscitou o art. 17 da Lei nº 7.347/1985 para concluir que a parte autora na Ação Civil Pública não precisaria adiantar os honorários periciais, o que vai ao encontro do art. 91 do Código de Processo Civil. Quer dizer que a legislação mais antiga prevê a resolução do imbróglio, mas não ocorre um esforço dogmático em termos de sistema processual civil. Essa lacuna técnica deve ser observada na linha de visada do direito fundamental de acesso à justiça, permitindo que o juízo inverta o ônus da prova e consequentemente também determine que a parte mais "favorecida" para produzir a prova tenha que arcar com o adiantamento dos honorários do perito. Em processos repetitivos, como geralmente ocorre em direito do consumidor, essa questão é medida de salvaguarda da própria prova. Se a lei da Ação Civil Pública estabelece uma alternativa em "processo coletivo", em processos repetitivos não haveria motivos para não adotar essa metodologia.

Uma solução pragmática advém da hermenêutica do art. 95 do CPC: "Cada parte adiantará a remuneração do assistente técnico que houver indicado, sendo a do perito adiantada pela parte que houver requerido a perícia ou rateada quando a perícia for determinada de *ofício ou requerida* por ambas as partes". Se o juiz inverte ou dinamiza o ônus da prova em decisão interlocutória, por decorrência, ele atribuirá o ônus de provar ao demandado. A conjunção "ou", que liga a determinação de ofício *ou* a requerimento de ambas as partes, passa a valer como uma solução aditiva (não alternativa). Significa que a parte desincumbida do ônus de provar deixa de ter interesse nessa prova, atuando o juiz para suprir a inércia do sujeito que se torna o encarregado a provar. Tendo em vista que o demandado é que arcará com a ausência da prova, se não adiantar os honorários, quando o juiz simplesmente atuou subsidiariamente para cobrir a ausência de participação, também cabe ao demandado adiantar os honorários periciais na integralidade.

5.6 A perícia realizada em outro juízo (carta precatória). A teleperícia

Quando a perícia tiver de ser realizada em outro juízo, a nomeação do perito, a indicação dos assistentes técnicos, a apresentação de quesitos e o acompanhamento das diligências serão efetuados no local para onde foi deprecada a realização da prova. Eventual escusa, recusa ou substituição do perito nomeado pelo juízo deprecado ou rogado também devem ser processadas nesse juízo para o qual foi destinado o processamento dos atos processuais.

Por ocasião da pandemia decorrente da COVID-19, o Conselho Nacional de Justiça publicou a Resolução 317/2020, que previu a modalidade da perícia "telepresencial" para a avaliação de fontes de prova em processos previdenciários ou em que se demanda benefício assistencial. A Resolução 317/2020 estabelece: "Art. 1º As perícias em processos judiciais que versem sobre benefícios previdenciários por incapacidade ou assistenciais serão realizadas por meio eletrônico, sem contato físico entre perito e periciando, enquanto perdurarem os efeitos da crise ocasionada pela pandemia do novo Coronavírus. §1º A perícia no formato estabelecido no *caput* deverá ser requerida ou consentida pelo municiando, a este cabendo: I – informar endereço eletrônico e/ou número de celular a serem utilizados na realização da perícia; II – juntar aos autos os documentos necessários, inclusive médicos, a exemplo de laudos, relatórios e exames médicos, fundamentais para subsidiar o laudo pericial médico ou social. Art. 2º Para a realização das perícias por meio eletrônico durante o período contemplado por esta Resolução, os tribunais deverão criar sala de perícia virtual (reunião do tipo "teleperícia") na Plataforma Emergencial de Videoconferência para Atos Processuais disponibilizada pelo Conselho Nacional de Justiça".

Embora à distância, deve ser providenciada tecnologia para o acompanhamento dos trabalhos do perito, por parte dos assistentes técnicos, considerando o direito fundamental à prova e ao contraditório.

Art. 466. O perito cumprirá escrupulosamente o encargo que lhe foi cometido, independentemente de termo de compromisso[1].

§1º Os assistentes técnicos são de confiança da parte e não estão sujeitos a impedimento ou suspeição[2].

§2º O perito deve assegurar aos assistentes das partes o acesso e o acompanhamento das diligências e dos exames que realizar, com prévia comunicação, comprovada nos autos, com antecedência mínima de 5 (cinco) dias[3].

1 Os deveres do perito nomeado pelo juízo (seriedade e responsividade)

A perícia judiciária consiste em uma prova que está tremendamente profissionalizada, não se admitindo falta de seriedade ou a ultrajada apresentação de *laudo-formulário em questões repetitivas*. "O perito tem o dever de cumprir o ofício no prazo que lhe designar o juiz, empregando toda a sua diligência" (art. 157 do CPC), vale dizer, a credibilidade que o sistema jurídico pressupõe ao perito nomeado pelo juízo deve ser concretizada na eficácia dos trabalhos condizentes com a titulação e a experiência pertinente à sua especialização. No desempenho da função de auxiliar do juízo, o perito deve "expor os fatos conforme a verdade" e tem o dever de "não produzir provas e não praticar atos inúteis ou desnecessários à declaração ou à defesa do direito" (art. 77, I e III, CPC). Sobretudo, o profissional tem o dever de responsividade, porque jamais pode descurar dos quesitos formulados pelo juiz, pelas partes e pelos assistentes técnicos.

O escrúpulo e a diligência do perito subentendem a probidade no trato da fonte do exame, da vistoria ou da avaliação, merecendo uma necessária contextualização dos fenômenos em relação ao litígio processual. O comportamento é adequado na medida em que não se abusa da posição jurídica e consequentemente são atendidos os vetores da boa-fé objetiva (MARINONI; ARENHART; MITIDIERO, 2017, p. 229). *Ser diligente* é a contraface da "não" customização da perícia – o perito precisa desempenhar um *agir eficiente* (AVELINO, 2018, p. 229), elencando sistematicamente cada premissa da sua observação, explicando à universalidade os motivos que embasaram a opinião especializada. Todos os movimentos do perito devem constar de maneira clara, legível e organizada em laudo (escrito ou oral). Susan Haack assinala que o perito deve trabalhar sem a interferência de vaidades ou à sombra de argumentos de autoridade. O especialista nomeado pelo juízo coloca em prática a responsividade que o sistema jurídico lhe encarrega, sem subvalorações inconsistentes ou supervalorações tendenciosas que antecipem um resultado meramente doxástico em prejuízo do método de trabalho (HAACK, 2014b, p. 86). Considerando que "os peritos serão nomeados entre os profissionais legalmente habilitados e os órgãos técnicos ou científicos devidamente inscritos em cadastro mantido pelo tribunal ao qual o juiz está vinculado" (art. 156, §1º, CPC), o perito deve assumir a função de auxiliar da justiça com seriedade, responsabilidade e responsividade, independentemente de termo de compromisso, tendo em vista que o *dever de integridade* (autêntica verificação de *compliance*) é decorrente da habilitação do profissional em cadastro público.

2 Os assistentes técnicos nomeados pelas partes (em busca do equilíbrio das posições processuais com a finalidade epistêmica)

A força normativa da Constituição e a perspectiva objetiva dos direitos fundamentais implicam um *estado de coisas processuais*, seja no processo administrativo, seja no processo penal, seja no processo civil. O direito à prova, à igualdade em perspectiva dinâmica e ao contraditório material acarretam um dever de prestação, repercutindo em deveres para o legislador, para o administrador e para o juiz que preside o processo (CASTRO, 2021, p. 49). Na contraface do dever imputado aos órgãos públicos, os interessados dispõem do direito público subjetivo de nomear assistentes técnicos para acompanhar a realização de perícia durante *todas as fases do procedimento probatório*.

A Lei nº 9.784/1999 (Lei do Processo Administrativo) estabelece que "devem ser objeto de intimação os atos do processo que resultem para o interessado em imposição de deveres, ônus, sanções ou restrição ao exercício de direitos e atividades e os atos de outra natureza, de seu interesse" (art. 28). Ou seja, a Administração Pública, em sentido amplo, não pode manter sigilo na inspeção, exame ou vistoria de coisas ou pessoas que, eventualmente, venham acarretar prejuízo ao patrimônio jurídico de alguém (servidor público ou particular). A Lei nº 13.964/2019 conferiu nova redação ao Código de Processo Penal, que atualmente determina, no art. 3º-B, XVI, que "o juiz das garantias é responsável pelo controle da legalidade da investigação criminal e pela salvaguarda dos direitos individuais cuja franquia tenha sido reservada à autorização prévia do Poder Judiciário, competindo-lhe especialmente, deferir pedido de admissão de assistente técnico para acompanhar a produção da perícia". Se nos expedientes administrativos existe a obrigatoriedade de oportunizar a nomeação de assistente técnico, evidente que no processo judiciário também deve ser observada essa prerrogativa pública.

As partes podem e devem nomear assistente técnico no processo civil. Esse profissional é contratado pela parte e não está sujeito a impedimento ou à suspeição, tendo a função de acompanhar a realização da perícia judiciária. A falta de oportunidade para constituir o assistente técnico caracteriza uma presunção absoluta de prejuízo e anula a perícia judiciária. O Superior Tribunal de Justiça decide nesse sentido: "nos termos do art. 421, §1º, do Código de Processo Civil, após a nomeação do perito responsável pela produção da prova pericial, deve o juiz intimar as partes para indicação de assistente técnico e apresentação de quesitos, em observância ao princípio do contraditório. As partes têm direito de contraditar o laudo produzido pelo *expert*, refutar suas conclusões e requerer esclarecimentos acerca da prova técnica, sendo certo que tais providências só podem ser adotadas se forem elas intimadas da produção da prova pericial. Eventual discussão sobre a necessidade de comprovação do prejuízo, para o reconhecimento da nulidade suscitada, não encontra ressonância no caso em tela, pois o juízo de primeiro grau, ao julgar improcedente o pedido formulado nos embargos à execução, expressamente embasou sua decisão na prova pericial produzida sem a ciência das partes, circunstância que evidencia o prejuízo suportado" (REsp 812.027/RN, Relatora Ministra Maria Thereza de Assis Moura, DJ 05.10.2010).

O assistente técnico não precisa ter formação acadêmica ou ser especialista na matéria, mas é tremenda falta de estratégia nomear alguém que não disponha de titulação e de experiência compatível à habilitação do perito do juízo. A dogmática assevera que a nomeação de assistente técnico é facultativa – respeitando e ressaltando essa corrente majoritária, o profissional contratado pela parte fiscaliza a perícia e se trata de um agente que desenvolve praticamente a única possibilidade de refutar e dialogar sobre a "fiabilidade" da perícia, sobre a "boa metodologia" empregada. Imagina se uma sociedade, em questão de significativa envergadura ambiental ou empresarial, deixaria de nomear um assistente técnico com *mais titulação que o perito do juízo*. Imagina se um político de carreira, em questão de seu interesse, deixaria de nomear um assistente técnico com *mais titulação que o perito do juízo*. Em processos econômica ou socialmente relevantes, a parte que tiver condições nomeará o melhor e mais qualificado especialista do Brasil. Portanto, a nomeação de assistente técnico deve ser uma modalidade que viabiliza o próprio "acesso à justiça".

A Lei nº 9.099/95 regulamenta que "sendo facultativa a assistência, se uma das partes comparecer assistida por advogado, ou se o réu for pessoa jurídica ou firma individual, terá a outra parte, se quiser, assistência judiciária prestada por órgão instituído junto ao Juizado Especial, na forma da lei local". Essa terminologia "facultativa", utilizada na Lei nº 9.099/95, na prática e na teoria, consiste em autêntica obrigatoriedade decorrente do direito fundamental de acesso à justiça. *A proteção e a inteligibilidade da prova pericial exercitada pelo assistente técnico devem ser interpretadas da mesma forma, em termos de perícia judiciária, porque a falta de apoio técnico caracteriza hipossuficiência*. Inúmeros processos que demandam indenização por erro médico em hospitais públicos, por exemplo, acabam fenecendo pela improcedência, porque o perito do juízo é um médico (muitas vezes conhecido do médico ao qual foi imputado o suposto erro), e se cristaliza uma verdadeira "corporação do saber" *sem efetivo direito de resposta*. Os sujeitos desprovidos de recursos para nomear um assistente técnico ficam à deriva de vieses mais políticos do que científicos. Inclusive na literatura dos Estados Unidos, Susan Haack salienta que *"when scientific work bears closely on policy questions, the line between scientific inquiry and policy-advocacy can only too easily get blurred"* (HAACK, 2014b, p. 89). O problema é que no Brasil, questões repetitivas (como o erro médico) podem se tornar relevantes em termos sociais, econômicos e políticos – isso significa que o assunto poderá assumir, ou melhor, peremptoriamente assume um contorno político imediato e direto (não chega a ser subliminar ao científico, repete-se, é diretamente político). O assistente técnico apresenta *parecer*, mas pode se valer de recursos tecnológicos, imagens, gravações do próprio trabalho do perito *in loco*, tudo com as mesmas prerrogativas técnicas do profissional nomeado pelo juízo. O "perito da parte" não precisa se manifestar necessariamente apenas ao final, podendo se manifestar antes, durante e depois do trabalho do perito. A parte também pode contratar empresas que forneçam o serviço especializado para acompanhar, fiscalizar, *traduzir a perícia e acusar as lacunas técnicas ao juiz*, enfim, dialogar com o perito oficial.

Um detalhe importante é que o assistente técnico de confiança da parte não quer dizer que ele não tenha confiança do juízo.

"A ausência de confiança não leva necessariamente à desconfiança – pode-se simplesmente não ter razões para confiar, mas tampouco para desconfiar", o que não esvazia o conteúdo epistêmico do trabalho do assistente técnico (VÁZQUEZ, 2021, p. 139). O sistema jurídico, por questão de isonomia material, pode disponibilizar a lista de peritos credenciados junto ao aparato do Judiciário, para que a parte possa contratar algum dos profissionais institucionalmente habilitados – isso ajuda a evitar o ultrajado argumento retórico de que "a perícia oficial prevalece sobre o parecer técnico". O atual perfil constitucional e funcional da ciência para dentro do processo civil não admite a cristalização da decisão a partir do trabalho do perito oficial. A tecnologia e a ciência relacionam um diagnóstico a um possível prognóstico e tudo está muito fugaz no mundo contemporâneo (CASTRO, 2021, p. 46). Assim, o laudo pericial fornece uma crítica persuasiva, uma opinião (doxástica), que deve ser cotejada aos achados e impugnações aprestados pelo assistente técnico. A perspectiva contemporânea da *prova como argumento* é compromissada ao debate que, institucionalmente, respeita o devido processo legal (*precedural due process*), o contraditório forte e com a devida possibilidade de defesa (*equal speech opportunity*) e a atenção à epistemologia (*equal proof opportunity*).

Argumentos de autoridade revelam mitos seculares, em decorrência, juízos que meramente referem que o perito oficial tem prevalência sobre o assistente técnico assumem uma retórica ultrapassada e abusiva em pleno terceiro milênio. A epistemologia não merece esse descuido e o processo está *"up to its neck in epistemology"* (HAACK, 2014a, p. 4). O assistente técnico também tem dever de probidade profissional e processual, não podendo ser descartado sem ouvir as razões que ele explicita no diálogo.

3 O direito de não surpresa no procedimento probatório

O contraditório, no sentido material, consiste em direito fundamental (art. 5º, LV, CF). As partes têm o direito de influenciar a decisão judiciária e o "juiz não pode decidir, em grau algum de jurisdição, com base em entendimento a respeito do qual não se tenha dado às partes oportunidades de se manifestar, ainda que se trate de matéria sobre a qual deva decidir de ofício" (art. 10 do CPC). Isso também se reflete na atuação do perito, que se trata de auxiliar do juízo e deve observar o contraditório material, com a devida supervisão do magistrado (art. 139, I, CPC). "O perito deve assegurar aos assistentes técnicos das partes o acesso e o acompanhamento das diligências e dos exames que realizar, com prévia comunicação, comprovada nos autos, com antecedência mínima de 5 (cinco) dias" (art. 466, §2º, CPC).

A técnica processual adensa a determinação constitucional para prevenir as partes e os assistentes técnicos contra qualquer espécie de surpresa no procedimento probatório. "Todos os sujeitos do processo devem cooperar entre si para que se obtenha, em tempo razoável, decisão de mérito justa e efetiva" (art. 6º do CPC), princípio da cooperação que determina que todos os movimentos processuais devem ser publicizados e alertados com antecedência os interessados.

O Superior Tribunal de Justiça resolve que a preservação do contraditório material é necessária, inclusive, para as questões a serem conhecidas de ofício pelo juiz: "O art. 10 do CPC/2015 estabelece que o juiz não pode decidir, em grau algum de jurisdição, com base em fundamento a respeito do qual não se tenha dado às partes oportunidade de se manifestar, ainda que se trate de matéria sobre a qual deva decidir de ofício. Trata-se de proibição da chamada decisão surpresa, também conhecida como decisão de terceira via, contra julgado que rompe com o modelo de processo cooperativo instituído pelo Código de 2015 para trazer questão aventada pelo juízo e não ventilada nem pelo autor nem pelo réu. A partir do CPC/2015, mostra-se vedada decisão que inova o litígio e adota fundamento de fato ou de direito sem anterior oportunização de contraditório prévio, mesmo nas matérias de ordem pública que dispensam provocação das partes. Somente argumentos e fundamentos submetidos à manifestação precedente das partes podem ser aplicados pelo julgador, devendo este intimar os interessados para que se pronunciem previamente sobre questão não debatida que pode eventualmente ser objeto de deliberação judicial. O novo sistema processual impôs aos julgadores e partes um procedimento permanentemente interacional, dialético e dialógico, em que a colaboração dos sujeitos processuais na formação da decisão jurisdicional é a pedra de toque do novo CPC. A proibição de decisão surpresa, com obediência ao princípio do contraditório, assegura às partes o direito de serem ouvidas de maneira antecipada sobre todas as questões relevantes do processo, ainda que passíveis de conhecimento de ofício pelo magistrado. O contraditório se manifesta pela bilateralidade do binômio ciência/influência. Um sem o outro esvazia o princípio. A inovação do art. 10 do CPC/2015 está em tornar objetivamente obrigatória a intimação das partes para que se manifestem previamente à decisão judicial. E a consequência da inobservância do dispositivo é a nulidade da decisão surpresa, ou decisão de terceira via, na medida em que fere a característica fundamental do novo modelo de processualística, pautado na colaboração entre as partes e no diálogo com o julgador. O processo judicial contemporâneo não se faz com protagonismos e protagonistas, mas com equilíbrio na atuação das partes e do juiz de forma a que o feito seja conduzido cooperativamente pelos sujeitos processuais principais. A cooperação processual, cujo dever de consulta é uma das suas manifestações, é traço característico do CPC/2015. Encontra-se refletida no art. 10, bem como em diversos outros dispositivos espraiados pelo Código. Em atenção à moderna concepção de cooperação processual, as partes têm o direito à legítima confiança de que o resultado do processo será alcançado mediante fundamento previamente conhecido e debatido por elas" (REsp 1.676.027/PR, Segunda Turma, Relator Ministro Herman Benjamin, DJ 26.09.2017). O perito é auxiliar do juízo, consiste em sujeito do processo, ele deve observar as técnicas processuais para assegurar o contraditório e o equilíbrio das posições jurídicas entre as partes.

Art. 467. O perito[1] pode escusar-se[1.1] ou ser recusado por impedimento ou suspeição[1.2].

Parágrafo único. O juiz, ao aceitar a escusa ou ao julgar procedente a impugnação, nomeará novo perito[1.3].

1 A imparcialidade do perito nomeado pelo juízo (reducionismo ou não presuntivismo). O perito nomeado pelo juízo, o assistente técnico e o jeitinho brasileiro (*mindset approach*)

A dogmática derramou litros de tinta em uma época em que tentava equiparar a *imparcialidade do juiz a uma suposição de neutralidade*. O direito e o processo civil são produtos da cultura, logo, sofrem as implicações sociais, econômicas e políticas que variam ao longo do tempo e das diversidades dos lugares (CHASE, 2014, p. 171-172). Essa oscilação horizontal e vertical não quer dizer que um magistrado que julga diferente de outro colega seja injusto ou menos preparado, assim como não quer dizer que um tribunal de um estado da Federação que decida diferente de outro seja inculto ou despreparado. A diversidade de substratos culturais em um país continental se reflete no processo civil, e a imparcialidade foi distinguida do fator "neutralidade" para, atualmente, falar-se em "estraneidade" ou "desinteresse" do julgador no objeto do litígio.

Se o magistrado tiver interesse na questão em julgamento, deverá ser reputado suspeito ou impedido para resolver a demanda (artigos 144 e 145 do CPC). A mesma racionalidade orienta a relação entre perito oficial e o assistente técnico, na interlocução entre ciência e processo civil, deixando a descoberto sensíveis problemas epistêmicos em benefício de julgamentos que eram fundamentados em ultrapassados "argumentos de autoridade". O problema não é pautar um profissional como imparcial ou parcial, por ocasião de ele ser nomeado pelo juízo ou pela parte, mas ponderar como o direito deve lidar com a questão da falta de critério na realização da perícia judiciária, pois, *em termos de ciência para dentro do processo*, as funções do perito e do assistente devem convergir[23] – a questão é como lidar com a falta de convergência, quando ela acontecer. O que não pode acontecer é a resolução de litígios com base "somente" em um ultrapassado argumento de autoridade (em especial: o perito não tem autoridade, ele apenas goza da confiança pressuposta do juízo).

Em demanda na qual se discutia a indenização pelo seguro obrigatório (DPVAT), o Tribunal de Justiça de Minas Gerais propôs uma solução categórica que não tem mais espaço no processo civil: "diante de divergências entre o laudo oficial do juízo e o laudo do assistente técnico, devem prevalecer as conclusões daquele. É que o assistente técnico é de confiança da parte que o nomeia. Já o perito nomeado pelo juízo é equidistante das partes e alheio aos interesses destas (Apelação Cível n. 1.0696.17.003120-2/001, 15ª Câmara Cível, Relator Octávio de Almeida Neves, DJ 10.09.2021). A supremacia inconteste do laudo pericial oficial sobre o parecer do assistente técnico, *levando em conta somente o argumento de autoridade institucional*, trata-se de solução absolutamente fundamentada em uma suposta imparcialidade do perito oficial enquanto "neutralidade", situação que não se sustenta no atual ambiente jurídico contemporâneo. Ressalta-se que *a imparcialidade legalmente atribuída ao especialista do juízo não pode ser equiparada à sua neutralidade para todos os efeitos*, muito menos ela pode implicar um discurso que se sustente por intermédio de um "reducionismo" epistêmico. Em outras palavras, a tomada de decisão sobre a perícia deve levar em conta a "qualidade da perícia", uma racionalidade que, inclusive, *leva em conta* as limitações cognitivas do perito nomeado pelo juízo, as heterogeneidades pragmáticas de seus agires em nome da instituição Judiciária e as influências políticas sobre a "presunção de vocação científica" na busca da probabilidade da verdade (VÁZQUEZ, 2021, p. 100 e 132).

A assimetria do laudo do perito oficial em prejuízo do parecer do assistente técnico da parte pode ser mitigada ou desconstruída em

---

[23] O processo estrutural traz ao meio acadêmico a questão da resolução de litígios complexos. Nesses casos, o ponto de partida não é uma simples posição jurídica, até porque os interesses ficam randômicos com as inúmeras questões em debate (despolarização do processo). Fala-se em tratamento do "conflito" – o litígio não pode ser antevisto de maneira perversa, na medida em que a figura do caos pode, ela mesma, entremostrar possíveis soluções performáticas naquilo que a complexidade da matéria viabiliza. Um debate ou uma conferência de diversos especialistas pode apresentar pontos em comum ("*narrowest grounds*"), valendo como um exemplo no sentido que o assistente técnico não é inimigo do perito e vice-versa. O problema a ser resolvido é a mais qualificada solução e categorização científica da perícia.

se considerando três premissas: (a) a causa epistêmica propriamente dita, que também poderia ser denominada de causa cognitiva, a (b) causa pragmática e a (c) causa política. A causa epistêmica assinala que a atividade probatória considera crenças, justificação das crenças, conhecimento, *standards* de prova e uma relação teleológica com a verdade. O modelo objetivo do funcionamento da prova permite diferenciar que um fenômeno pode ter ocorrido no mundo real, porém, em decorrência das limitações investigativas, o evento pode ser reputado como "não provado" (falso negativo). Isso quer dizer que a atividade mental do observador é limitada. Susan Haack assume uma posição intermediária entre o ceticismo e o idealismo para enfatizar que *"questions about objectivy require a similarly nuanced approach. A scientific claim is either true or else false true or false objectively, i. e., independent of whether anibody believes it. The evidence for a scientific claim is stronger or weaker stronger or weaker objectively, i. e., independent of how strong or how weak anybody judges it to be. But there is no guarantee that every scientist is entirely objective, i. e., is a completely unbiased and desinterested truth-seeker. Scientists are fallible human beings, they are not immune to prejudice and partisanship"* (HAACK, 1999, p. 203). A perícia judiciária não está alheia a essa espécie de *equívoco cognitivo*, muito pelo contrário, tanto que o método do perito considera a margem de erro da experiência científica para dentro do processo. John Searle revela que o pensamento clássico divulgou a mentalidade que a realidade seria acessível a todos os observadores. O problema é que a própria neurociência pressupõe que a consciência, a intencionalidade, a subjetividade e a causação mental consistem em particularidades afetas a cada indivíduo. "Se uma explicação científica do Mundo tenta descrever como as coisas são, então, uma das características da explicação será a subjetividade dos estados mentais, visto que é justamente um facto óbvio que a evolução biológica produziu certos tipos de sistemas biológicos, a saber, os cérebros humanos e de certos animais, que tem características subjetivas". O autor resume que "a existência da subjetividade é um facto objectivo da biologia" (SEARLE, 2019, p. 23 e 33). O ponto de inflexão do método pericial está nas ciências sociais ou humanas, entretanto, a própria objetividade da biologia, uma ciência reputada natural ou rígida (TARUFFO, 2014, p. 305), remete ao subjetivismo das conclusões decorrentes dos estados mentais, porque a percepção é customizada por cada indivíduo. A categorização da imparcialidade do perito, nomeado pelo juízo como uma "suposição de verdade", é desconsiderar a neurociência, consiste em rasgar a ciência natural que subentende o manuseio do conhecimento. Em um contexto processual, o que se tem como "epistemologia jurídica é a epistemologia geral, ou é a aplicação da epistemologia geral a um contexto com problemas específicos" (VÁZQUEZ, 2021, p. 126), o que remete à linha de pensamento a retornar ao início dessa *premissa*, quando se falou do *reducionismo epistêmico* – o perito oficial também pode errar, ele é suscetível a matizes e a lapsos cognitivos, porque *não tem em suas mãos "all things considered"*, apenas dispõe das fontes de evidências que devem ser periciadas na medida em que não foram desgastadas pelo tempo ou demais circunstâncias naturais.

A causa pragmática reflete que existem *"important differences between the quest for truth in the courtroom and the quest for truth in the laboratory"*, conforme resumiu o *Justice* Blackmun no precedente *Daubert v. Merrell Dow Pharmaceuticals, Inc.*, 43 F. 3d 1311 (9th Cir. 1995). A ciência parte de questionamentos e procura evidências que possam conduzir o investigador em busca de achados que indiquem a probabilidade da verdade. De outro lado, a perspectiva processual parte de proposições tendenciosas que fomentam a contraposição de evidências, que em algum momento serão avaliadas por um perito judiciário (HAACK, 2014b, p. 91). O fato de o perito ser nomeado pelo juízo não afasta descompassos ou heterogeneidades práticas, a depender da natureza dos litígios. Imagina uma série de processos repetitivos em que assistentes sociais, que trabalham em abrigos ou casas de acolhimento de menores, postulam o adicional de insalubridade a ser incrementado aos vencimentos. Existem inúmeros abrigos ou casas de acolhimento em todos os Estados da Federação, mas o trabalho desses profissionais é praticamente sempre o mesmo – lidar com menores desamparados, muitas vezes doentes, limpar as fezes e secreções, tratá-los em situação de vulnerabilidade, encaminhá-los para atendimento médico, enfim, ficar em contato direto com situações humanas que podem acarretar o próprio adoecimento das assistentes sociais. *Um juízo de uma cidade pode nomear um perito e o laudo reconhecer a insalubridade. Outro juízo de outra cidade pode nomear outro perito e o laudo não reconhecer a insalubridade, ou reconhecer o benefício em menor patamar de acréscimo salarial.*

O perito deixa de ser da confiança do juízo por ocasião dessa disparidade? Ou pode alguém destacar que essa prova necessitaria de uniformização?

O interessante é que uniformizar a coleta da prova, nomeando sempre o mesmo perito, resolve um aparente desencontro jurídico, entretanto, o adágio da imparcialidade do perito acaba não servindo para nada em termos epistêmicos e pragmáticos.[24] Diferentes resultados não implicam a retirada da confiança em relação ao perito. *Uma perícia malfeita ou um entendimento diverso não significa ausência de perícia*, por isso a causa pragmática reforça que a imparcialidade do perito oficial não é catalogação suficiente para adjudicar o laudo em um púlpito religiosamente sempre acima do parecer do assistente técnico. É impossível que todos os peritos do Brasil tenham igual percepção científica, trata-se de um autêntico ruído epistêmico e prático cogitar que o perito nomeado pelo juízo seja "melhor" do que os assistentes técnicos das partes pelo simples fato de pertencerem a uma cartilha institucional.

A causa política revela as pressões, *lobbies*, limitações epistêmicas e vieses cognitivos que influenciam um perito em seu trabalho, seja em causas vultosas, seja em causas menores que podem se tornar repetitivas (em decorrência, tornarem-se vultosas). Uma situação absolutamente hipotética pode facilitar a compreensão. Em um país imaginário, surge o interesse de construir estádios de futebol em locais onde sequer existem times regulares para disputar o campeonato da primeira divisão. Talvez, o interesse seja movido para sediar uma Copa do Mundo ou evento semelhante, mas o que importa é que forças políticas influenciam autoridades administrativas e demais

---

[24] O ideal é impulsionar um incidente de coletivização da prova, pela prática de atos concertados entre os juízos – nomeando os mesmos peritos ou um corpo de peritos que cheguem a uma conclusão razoável, sem distorções pessoais (art. 69, §2º, II, do CPC). No direito americano, a ferramenta do MDL (*multidistrict litigation*) consiste em uma técnica "por meio da qual se possibilita a reunião de processos em trâmite perante juízes federais distintos, possibilitando a produção de provas em um único juízo. O pressuposto para sua utilização é a existência de casos repetitivos com mesma matéria fática, muitas vezes complexas, comuns a todos os casos. Trata-se, portanto, de instrumento que objetiva, em última análise, a administração eficiente de vários casos judiciais semelhantes, sem prejuízo aos direitos individuais dos litigantes" (LUNARDI, 2017, p. 378). Uma vez produzida a prova comum aos diversos processos, eles retornam à competência de origem, mantendo a uniformidade "perante o direito". O MDL está expressamente previsto como mecanismo de cooperação judiciária no Código de Processo Civil.
Em processos repetitivos, existe a possibilidade da utilização da "Entidade de Infraetrutura Específica" (*Claim Resolution Facilities*), que consiste em um instrumento criado para processar, resolver ou executar medidas para satisfazer situações jurídicas coletivas que afetam um ou mais grupos de pessoas, evitando que a situação seja tratada por incontáveis demandas individuais. Por exemplo, as *CRF* podem reunir ou centralizar um certo número de demandas para que seja realizada uma única prova pericial, aproveitando a evidência para todos os demais processos. Isso reflete a eficiência e a desburocratização do sistema, barateando e acelerando a macrolide. CABRAL, Antônio do Passo; ZANETI JR., Hermes. Entidades de infraestrutura específica para a resolução de conflitos coletivos: as claims resolution facilities e sua aplicabilidade no Brasil. *Revista de Processo*, v. 287, ano 44, p. 445-483, jan., 2019, p. 449 e 453.

órgãos públicos (como o Ministério Público e o Judiciário) para que perícias ambientais, de viabilidade econômica e social, sejam aprovadas com extrema urgência. O trabalho do perito é "neutro" nesse tipo de situação? A suposta falta de neutralidade, em contrapartida, não acaba embaçando a máxima da "estraneidade e imparcialidade" em nome de interesses relevantes e economicamente estratégicos?

Outra hipótese totalmente abstrata é o combate corporativo entre a indústria farmacêutica na produção de vacinas para determinada pandemia em face de outros interesses que pretendem produzir medicamentos e equipamento de UTI para tratar os doentes. A ciência permanece com a sua vocação investigativa incólume em busca da verdade? Propositalmente se relacionam as linhas de Susan Haack, para salientar que a preocupação é genuína e mundial quando a autora alerta que *"when scientific work bears closely on policy questions, the line between scientific inquiry and policy-advocacy can only too easily get blurred"* (HAACK, 2014b, p. 89). Se a dogmática tentou reforçar a imparcialidade com o discurso da neutralidade, nos dias atuais, a evidente falta de neutralidade e o utilitarismo quase esvaziam o conteúdo da imparcialidade. A análise de alguns julgados do Superior Tribunal de Justiça causa perplexidade no cotejo ao axioma de que a "perícia oficial *vale mais* do que o parecer do assistente técnico", porque a doutrina e a jurisprudência admitem a substituição do perito, mediante fundamentação, mas a substituição do assistente técnico também deve ser motivada. Ora, para trocar de advogado a parte não precisa justificar a revogação do mandato em juízo, *se o assistente técnico é da confiança, ela tampouco precisaria motivar a substituição do profissional*. O Superior Tribunal de Justiça entende que a substituição do assistente técnico deve ser motivada: "O acórdão do Tribunal de origem, ao manter a negativa de substituição do assistente técnico, amparou-se no fato de que o pedido para a referida substituição foi formulado desacompanhado das razões ou obstáculos que impediriam a atuação do assistente e imporiam a requerida alteração. Esse entendimento encontra-se em harmonia com a jurisprudência consolidada nesta Corte Superior, no sentido de que o pedido de substituição do assistente técnico deve ser devidamente motivado" (AgRg no AREsp 142.066/SP, Relator Ministro Luis Felipe Salomão, Quarta Turma, DJ 12.11.2013). O fundamento disso não está na boa-fé objetiva inerente à relação entre parte e assistente técnico – se o argumento fosse referente à boa-fé, a parte não poderia trocar de advogado sem expressar os motivos.

A questão é que o assistente técnico tem um compromisso epistêmico com a ciência para dentro do processo e o próprio Superior Tribunal de

Justiça acaba ressaltando essa lealdade profissional subliminarmente. Perito oficial e assistente técnico têm a mesma vocação profissional, eles prestam o mesmo juramento acadêmico enquanto médicos, engenheiros, biólogos, dentistas, contadores e outras profissões. *A funcionalidade em nome da ciência é convergente, quer dizer que a grande diferença entre perito oficial e assistente técnico consiste no foco do trabalho em termos de processo judiciário*: o perito nomeado pelo juízo tem liberdade para considerar todos os fatores inerentes à fonte da prova, de outro lado, o assistente técnico deve manter atenção e trabalhar sobre a "margem de erro" da perícia oficial, que se trata de critério para a "boa perícia", segundo o caso *Daubert*. A questão é de *mindset approach* – enquanto o perito nomeado pelo juízo parte das fontes de prova para chegar a uma conclusão, no tempo e condições contextualizadas no processo, o *assistente técnico parte da linha argumentativa da parte que lhe contratou, mas também tem um compromisso com a ciência, apenas devendo demarcar e alargar ou diminuir a possível margem de erro do achado científico (narrowing or widening the error rate)*.

Enquanto os assistentes técnicos não se derem conta de que o seu trabalho não é simplesmente ficar elaborando quesitos exaustivos e impertinentes, porém, é mais estratégico e dotado de maior força epistêmica trabalharem com o foco no "alargamento" (*widening*) ou no "estreitamento" (*narrowing*) da margem de erro da perícia, ainda haverá julgamentos que descredenciam o parecer técnico sem maiores fundamentações (violando o art. 139, I e III e o art. 489, §1º, ambos do CPC) – um *jeitinho brasileiro* sem respaldo constitucional e compromisso com a probabilidade da verdade. O fato de serem da confiança da parte somente permite que o assistente técnico transite entre explorar a "margem de erro" *para mais ou para menos*, a depender do interesse da parte. Não se altera a verdade dos fatos (art. 77, I, CPC), mas *o trabalho é dialogar acerca da probabilidade em direção à verdade*. O art. 158 do Código de Processo Civil revela que "o perito que, por dolo ou culpa, prestar informações inverídicas responderá pelos prejuízos que causar à parte e ficará inabilitado para atuar em outras perícias no prazo de 2 (dois) a 5 (cinco) anos, independentemente das demais sanções previstas em lei, devendo o juiz comunicar o fato ao respectivo órgão de classe para adoção das medidas que entender cabíveis". O perito tem compromisso com a ciência e com a técnica, assim como o próprio assistente técnico também está comprometido por questão de mandamento profissional. A diferença entre eles é a "maneira de abordagem" no manuseio das fontes da perícia (*mindset approach*). Ocorre que esses profissionais não são inimigos entre si, tampouco inimigos da ciência, eles devem cumprir o juramento profissional da classe à qual pertencem. Isso é bastante para não se desconfiar do assistente técnico de maneira apriorística, assim como é suficiente para vedar a utilização de argumentos de autoridade para colocar o perito nomeado pelo juízo em um pedestal inatingível.

1.1 A escusa do perito nomeado pelo juízo

O Código de Processo Civil regulamenta hipóteses exemplificativas em que o perito pode ser afastado do encargo para o qual foi nomeado. O impedimento e a suspeição consistem em questões taxativas que afetam frontalmente a credibilidade do perito. Entretanto, outros fatores podem motivar o perito a requerer a própria dispensa da tarefa (art. 157, CPC).

O perito tem o dever de expor os fatos conforme a verdade (art. 77, I, CPC) e, havendo algum motivo que inviabilize essa possibilidade, ele mesmo deve alertar o juízo e pedir dispensa. "A escusa será apresentada no prazo de 15 (quinze) dias, contado da intimação, da suspeição ou do impedimento supervenientes, sob pena de renúncia ao direito de alegá-la", ocorre que se trata de prazo impróprio, tendo em vista que as próprias causas da escusa podem surgir sorrateiramente após o início do trabalho do profissional, não cabendo sanção processual, se não houver dolo ou culpa do perito por não observar o prazo. O perito pode pedir para não realizar a perícia por motivo de força maior, por motivo de saúde própria ou da família, por estar assoberbado de serviço, por não ter experiência no exame da fonte de prova, enfim, aspectos que podem sensibilizar a própria "qualidade da perícia", sendo que o magistrado não deve insistir na nomeação – o sistema jurídico prevê o credenciamento de uma lista de peritos justamente para não haver um engessamento em relação a somente um profissional (art. 157, §2º, CPC).

1.2 A recusa do perito do juízo por impedimento ou suspeição

O perito nomeado pelo juízo pode ser recusado em decorrência das taxativas hipóteses de suspeição e impedimento, fatores que retiram a credibilidade do trabalho a ser desenvolvido pelo profissional. Uma causa excepcional de recusa é a inabilitação do perito, uma sanção aplicada pelo juízo que não permite a nomeação do profissional por dois a cinco anos (art. 158 do CPC). Quando a parte suscita o impedimento ou a suspeição do perito, o magistrado deve observar o procedimento e os prazos elencados nos artigos 144 e 145 do Código de Processo Civil, como um incidente que é aplicável aplicáveis aos auxiliares da justiça (art. 148, II, CPC).

O prazo de 15 dias para a impugnação, que começa a correr a partir da nomeação ou do fato que enseja a recusa, trata-se de lapso temporal impróprio, porque deve ser preservada a credibilidade do perito nomeado pelo juízo. O Superior Tribunal de Justiça considerou que um perito não se torna suspeito pelo fato de já ter prestado serviço para uma das partes: "As hipóteses de suspeição estão taxativamente elencadas no art. 135, do CPC. Assim, não pode ser o perito considerado suspeito por ter trabalhado, em época anterior, para uma das partes do processo" (Ag 430.547/PR, Primeira Turma, Relator Ministro Luiz Fux, DJ 09.05.2002). Isso reforça o que tem sido comentado – o perito, somente pelo fato dessa terminologia, não dispõe de autoridade sobre o assistente técnico (porque ele mesmo pode ter sido assistente técnico de uma parte em outra demanda). Contra a decisão proferida em incidente de impedimento ou suspeição não cabe recurso de agravo de instrumento. A insurgência deverá ser formulada em preliminar da apelação ou das contrarrazões (NEVES, 2021, p. 839).

1.3 A razoabilidade do magistrado para avaliar a escusa ou recusa do perito nomeado pelo juízo

O magistrado deve avaliar a escusa e os argumentos da recusa do perito levando em conta o substrato material que deve ser periciado e as razões que justificam o afastamento (leitura reversa do art. 12 da Resolução 233/2016 do Conselho Nacional de Justiça). Embora as hipóteses de falta de credibilidade do perito sejam, aparentemente, taxativas ou decorrentes de uma motivação suficiente para a escusa, o juízo deve ter a modéstia de não insistir na nomeação de um profissional, cujos argumentos para o afastamento sejam razoáveis. Quando resolve pelo afastamento do perito, o magistrado nomeará outro perito credenciado perante o Judiciário (art. 467, parágrafo único, CPC).

Art. 468. O perito pode ser substituído[1] quando:

I – faltar-lhe conhecimento técnico ou científico[1.1];

II – sem motivo legítimo, deixar de cumprir o encargo no prazo que lhe foi assinado[1.2].

§1º No caso previsto no inciso II, o juiz comunicará a ocorrência à corporação profissional respectiva, podendo, ainda, impor multa ao perito, fixada tendo em vista o valor da causa e o possível prejuízo decorrente do atraso no processo[1.3].

§2º O perito substituído restituirá, no prazo de 15 (quinze) dias, os valores recebidos pelo trabalho não realizado, sob pena de ficar impedido de atuar como perito judicial pelo prazo de 5 (cinco) anos[1.4].

§3º Não ocorrendo a restituição voluntária de que trata o §2º, a parte que tiver realizado o adiantamento dos honorários poderá promover execução contra o perito, na forma dos arts. 513 e seguintes deste Código, com fundamento na decisão que determinar a devolução do numerário[1.5].

1 A substituição do perito nomeado pelo juízo

A previsão legislativa da substituição do perito nomeado pelo juízo confirma a falibilidade humana e ratifica a falseabilidade da ciência e da técnica em face de outras constatações em pleno terceiro milênio. Possível imaginar que um mesmo perito seja experiente, atualizado, sério e supostamente "confiável" em um determinado período de sua carreira. Com o passar dos anos, esse mesmo perito pode ficar desatualizado, sem conhecimentos sobre novos temas de sua especialidade, simplesmente "parando no tempo" do necessário investimento científico no estudo e na disciplina, fenômeno que lhe retira o argumento da "credibilidade". Isso é notório no mundo contemporâneo, época em que um determinado conhecimento vale no turno da manhã, mas pode estar inválido no período da tarde – considerada a tremenda oscilação global e fugacidade das informações que trafegam em todos os campos do conhecimento humano.

Uma reflexão de Karl Popper, inicialmente escrita em 1963, continua válida, porque o autor afirma que é humanamente impossível criar uma "máquina de indução" que aprenda as leis vigentes deste mundo e conecte os dados empíricos aos resultados desejados. Em tempos de algoritmos, a constatação poderia até ser debatida. Ocorre que o manuseio dos algoritmos por pessoas muitas vezes desconhecidas e mal-intencionadas da *deepweb*, o tamanho incomensurável ou desajustado da amostragem, a frequência aleatória ou randômica dos experimentos "teclados" pelos consumidores, a falta da existência de um grupo de controle identificável em tempos de internet "sem face" e a própria falta de conhecimento especializado das pessoas que deixam rastros aos algoritmos ensejariam respostas desencontradas às questões. Um problema subsequente seria como fazer para adequar um mínimo denominador comum a essas respostas (*narrowest grounds*). Karl Popper assegura que "ao construir uma máquina de indução precisaremos, como seu arquiteto, decidir *a priori* em que consiste seu 'universo' – que coisas devem ser consideradas 'semelhantes' ou 'iguais'; que modalidade de 'leis' desejamos que a máquina 'descubra'. Em outras palavras, precisamos incorporar à máquina um quadro de referências que determine o que é relevante e interessante no seu 'mundo' – a máquina funcionará então na base de princípios seletivos 'inatos'. Os problemas da similaridade serão solucionados para a máquina pelos seus fabricantes, que lhe darão uma 'interpretação' do mundo" (POPPER, 1982, p. 78).

A terminologia atribuída ao feitor da máquina (arquiteto) e aos condicionamentos desse sistema aparentemente "fechado" e "autopoiético", não por acaso, fazem lembrar o roteiro do filme "Matrix". O interessante é que a própria "Matrix" tem suas falhas internas ou decorrentes de agentes externos (ruídos ou ativações sensoriais), gerando descontinuidades ou *bugs* que ainda não permitem a perfeição de uma máquina de indução que dispense um toque de sensibilidade humana. *A Matrix e seus milhões de agentes treinados pelo sistema (atualmente denominados influencers) são tendenciosos à manutenção do próprio sistema e jamais conseguiriam lidar com inéditas percepções empíricas decorrentes do próprio continuísmo histórico que deve lidar com os ataques externos das novas realidades que o universo (maior do que o sistema) estabelece*. Por isso Thomas Kuhn fala em ambiente compreensível ao tratar da "ciência normal", que pode ser quebrada a qualquer momento. No mesmo sentido, Karl Popper pontua que o conteúdo empírico de uma ciência universal somente é válido se estancada a uma observação que *proíba a verificação de novos eventos*. No exemplo: "somente há corvos negros nesse ambiente" é aceitável se, e somente se, for utilizada uma metodologia reversa que assinale que "não há corvos brancos nesse ambiente" – na medida em que viabilizada (*permitida*) a amplificação do espectro de análise, a teoria inicial é desestruturada por uma classe de assertivas inicialmente não previstas (POPPER, 1982, p. 421). *O corvo branco de Karl*

Popper tem a mesma simbologia do gato preto suscitado na Matrix (uma falha no sistema). O *bug* do sistema é inevitável a milhões de *influencers* que ficam vencidos no tempo e no espaço (razão pela qual eles migram para o "metaverso", onde os argumentos categóricos podem ser validados enquanto fantasias respaldadas comercialmente).

1.1 A falta de conhecimento técnico (falta de proficiência ou potencial imperícia

Um jurista altamente qualificado não sabe tudo de sua especialidade, assim como um perito que goza do argumento da "confiança" não sabe tudo de sua especialidade. Isso é demasiadamente humano e compreensível. O Código de Processo Civil regulamenta a substituição do profissional quando lhe faltar conhecimento técnico ou científico, não consistindo em um demérito ou execração tecnocrática que faça remeter o sujeito a uma *capitis deminutio* digna de ostracismo (CRETELLA JÚNIOR, 1997, p. 348).

A substituição é pontual para aquela perícia e dispensa a instauração de incidente ou processo administrativo. A jurisprudência merece crítica ao misturar essa lacuna cognitiva do perito ao argumento da "confiança". O Superior Tribunal de Justiça reconhece que "o perito judicial é um auxiliar do Juízo e não um servidor público. Logo, sua desconstituição dispensa a instauração de qualquer processo administrativo ou arguição por parte do magistrado que o nomeou, não lhe sendo facultada a ampla defesa ou o contraditório nestes casos, pois seu afastamento da função pode se dar *ex officio* e *ad nutum*, quando não houver mais o elo de confiança. Isso pode ocorrer em razão da precariedade do vínculo entre ele e o poder público, já que seu auxílio é eventual. Além dessa hipótese, sua desconstituição poderá ocorrer naquelas elencadas no art. 424, do CPC (O perito pode ser substituído quando: I – carecer de conhecimento técnico ou científico; II – sem motivo legítimo, deixar de cumprir o encargo no prazo que lhe foi assinado). Estas são espécies expressas no texto da lei. Porém, a quebra da confiança entre o auxiliar e o magistrado é espécie intrínseca do elo, que se baseia no critério personalíssimo da escolha do profissional para a função. Assim como pode o juiz nomeá-lo, pode removê-lo a qualquer momento" (RMS 12.963/SP, Quarta Turma, Relator Ministro Jorge Scartezzini, DJ 21.10.2004).

Epistemicamente, o preparo técnico (art. 468, I, CPC) nada tem a ver com a "confiança". Contudo, na linha de pensamento do julgado, pode-se inferir que a "confiança" não é inquebrantável, portanto, não pode ser utilizada dogmaticamente como argumento categórico para excluir as contestações dos assistentes técnicos. A falta de preparo científico ou técnico pode ser reconhecida em qualquer participação do perito nomeado pelo juízo (STJ, REsp 805.252/MG, Terceira Turma, Relatora Ministra Nancy Andrighi, DJ 27.03.2007). O sistema jurídico prevê a exclusão do perito por impedimento ou suspeição, assim como por deficiência curricular (art. 465, §1º, I e §2º, II, CPC), causas que antecedem o início dos trabalhos. Como o trabalho do perito deve ser fiscalizado e eventualmente contestado *in itinere*, a falta de conhecimento técnico pode ser reconhecida a qualquer momento.

O Superior Tribunal de Justiça decidiu que: "As partes poderão recusar o perito por: a) impedimento ou suspeição (CPC, arts. 138, III, §1º, e 423), deduzidos na conformidade dos arts. 304 a 306 e 312 a 314 do CPC; e b) deficiência formal de titulação acadêmica, a revelar ser possuidor de currículo profissional insuficiente para opinar sobre a matéria em debate. Nessas hipóteses, deverão deduzir a impugnação logo após a nomeação realizada pelo juiz, sob pena de preclusão. Além das hipóteses destacadas, deve-se atentar que a norma do art. 424, I, do CPC estabelece hipótese abrangente de substituição do perito quando 'carecer de conhecimento técnico ou científico', o que significa que a substituição poderá se dar não só por discussão quanto à qualificação técnica, formal, do perito, como acima já referido, mas também por deficiente desempenho constatado nos trabalhos periciais que apresenta ao julgador. Nessa última hipótese, que diz respeito à dinâmica dos trabalhos periciais, somente após o exercício do mister pelo técnico nomeado é que poderá a parte prejudicada apresentar impugnação, na primeira oportunidade que falar nos autos. Trata-se de impugnação da qualidade técnica ou científica dos trabalhos apresentados pelo perito, e não da qualificação formal desse profissional. Por isso mesmo, somente no decorrer da colheita da prova pericial é que pode ser arguida a questão" (REsp 1.175.317/RJ, Quarta Turma, Relator Ministro Raul Araújo, DJ 07.05.2013).

A substituição do perito também pode ser provocada pela parte interessada. Caso o juízo não se manifeste, poderá ensejar nulidade processual. A jurisprudência do Superior Tribunal de Justiça destacou que "a incapacidade técnica do perito nomeado pelo juiz constitui nulidade relativa, não podendo, pois, ser reconhecida de ofício pelo juiz, em qualquer fase processual, e estando, ademais, sujeita à preclusão, caso não seja arguida na primeira oportunidade em que couber à parte falar nos autos" (AgInt nos EDcl no REsp 1.580.387/SP, Quarta Turma, Relator Ministro Lázaro Guimarães, DJ 24.04.2018).

1.2 A quebra da expectativa. Causa exemplificativa

O processo é uma metodologia de trabalho que tende a caminhar até um final. Trata-se de ambiente normativo permeado de prazos e preclusões. "O juiz nomeará perito especializado no objeto da perícia e fixará de imediato o prazo para a entrega do laudo" (art. 465). O não cumprimento do prazo de maneira *injustificada* ocasiona uma quebra de expectativa em relação ao trabalho do perito nomeado pelo juízo – para não dizer que houve violação da "confiança".

Por se tratar de uma relação institucional com finalidade epistêmica, a quebra da expectativa não ocorre somente em relação ao prazo para a realização do trabalho, mas também pode acontecer em outras hipóteses. Por exemplo, quando a perícia for demasiadamente custosa para a realidade do processo (isso se reflete na contra eficiência do trabalho, art. 8º, do CPC). O Superior Tribunal de Justiça resolveu que, "não está o magistrado, reputando imprescindível ao julgamento da lide a realização da prova pericial, impedido de substituir o perito diante de honorários considerados onerosos. A regra do art. 424 do CPC/73 não limita a atividade jurisdicional neste aspecto. Seria contrário ao senso comum admitir que a fixação de honorários considerados onerosos fosse causa impeditiva da substituição do perito por outro com honorários compatíveis" (REsp 100.737/SP, Terceira Turma, Relator Ministro Carlos Alberto Menezes Direito, DJ 04.12.1997).

Alguma situação superveniente à designação do perito também pode ensejar a substituição – como a perda de capacidade de trabalho por invalidez, a constatação de que o *perito ostenta vieses antecipados que se contraponham a uma experimentação científica ou à quase totalidade dos peritos que atuam na respectiva área*, dentre outros aspectos. Se o juiz pode designar uma segunda ou terceira perícia (art. 480), quando não preenchido o *standard* técnico-científico, ele pode afastar profissionais que possuam nítidos vieses contraepistêmicos.

1.3 A transcendência processual da substituição do perito

O descumprimento do prazo assinado pelo juiz permite a comunicação do evento à corporação profissional do perito, podendo ser imposta multa ao especialista nomeado, considerando o valor da causa e o possível prejuízo causado ao andamento do processo. Isso configura uma autêntica exasperação na punição do perito, que já será substituído para todos os fins processuais.

O poder de gestão do processo está genericamente previsto no art. 139, III e VII, do Código de Processo Civil, mas a investida ao órgão de classe se trata de um *paternalismo burocrático* ativista que praticamente antecipa uma dupla punição – no processo e na profissão do sujeito. Na medida em que a Resolução 233/2016 do Conselho Nacional de Justiça estabelece o credenciamento do perito junto ao CPTEC, bastaria a tomada de providências em termos de escala de nomeação do perito faltoso, sendo dispensável que o Judiciário invista e condicione atitudes a serem concebidas por corporação profissional.

1.4 A restituição dos valores recebidos e a *capitis deminutio* institucional

O perito substituído deverá restituir os honorários eventualmente recebidos, no prazo de quinze dias. Em não providenciando essa pronta devolução, o Código de Processo Civil estabelece uma solução coercitiva de maneira que o profissional ficará impedido de atuar como perito judicial pelo prazo de cinco anos. Uma verdadeira *capitis deminutio* institucional que é mais severa temporalmente que muita sanção criminal.

1.5 A cobrança incidental dos valores adiantados ao perito substituído

"Cada parte adiantará a remuneração do assistente técnico que houver indicado, sendo a do perito adiantada pela parte que houver requerido a perícia ou rateada quando a perícia for determinada de ofício ou requerida por ambas as partes" (art. 95 do CPC). *O sistema jurídico invade a questão contratual referente ao pagamento do assistente técnico pela parte*. Isso denota a importância e a necessidade de revalorização desse profissional, em termos epistêmicos, porque parece que a dogmática somente se vale do assistente técnico para lhe condicionar como uma figura estruturalmente "parcial".

Ocorre que, inclusive na hora de perceber os honorários, verifica-se uma invasão na autonomia privada dos sujeitos – um condicionamento indevido. Se existe interesse público para regulamentar o pagamento do assistente técnico pela parte, essa vocação institucional repleta de boa vontade também deve se firmar no sentido de conferir importância às opiniões do assistente técnico no certame processual. O assistente não merece ser antecipadamente rebaixado à condição de um arremedo de cientista, por todo o mosaico codificado que lhe confere a nota de seriedade profissional. Na hipótese de o perito substituído não devolver os honorários adiantados, no prazo de quinze dias, a parte que adiantou os valores pode efetuar o cumprimento da decisão judicial que substituiu o perito, nos termos do art. 513 e seguintes do Código de Processo Civil.

Art. 469. As partes poderão apresentar quesitos suplementares durante a diligência[1], que poderão ser respondidos pelo perito previamente ou na audiência de instrução e julgamento[2].

Parágrafo único. O escrivão dará à parte contrária ciência da juntada dos quesitos aos autos.

1 A apresentação de quesitos suplementares durante a diligência. Prazo impróprio e salvaguarda do contraditório material

Os assistentes técnicos podem apresentar os quesitos iniciais em quinze dias, a contar do momento em que o juiz nomeia o perito oficial (art. 465, §1º, III, do CPC). A falta de apresentação de quesitos na primeira oportunidade não impede que eles sejam protocolados durante a realização da diligência (art. 469) – considerando que se trata de um direito subjetivo da parte, decorrente do contraditório e do direito fundamental à prova, inviável ser categórico para imputar uma preclusão intercorrente, por ocasião de *supressio* ou de *venire contra factum proprium* (boa-fé objetiva). Os assistentes técnicos podem fiscalizar e acompanhar a perícia *in loco*, formulando questionamentos para aprofundar o espectro do trabalho e customizar o laudo ao caso concreto. Na medida em que o próprio sistema jurídico permite a nomeação de mais um perito para examinar as fontes de prova complexas, bem assim a nomeação de uma segunda ou terceira perícia, quando a matéria não estiver suficientemente esclarecida, evidente que a manifestação dos assistentes técnicos não está sujeita a prazos preclusivos rígidos.

O Superior Tribunal de Justiça salienta que havendo fundamentos materiais, os prazos e as manifestações podem ser flexibilizados: "Trata-se de impugnação da qualidade técnica ou científica dos trabalhos apresentados pelo perito, e não da qualificação formal desse profissional. Por isso mesmo, somente no decorrer da colheita da prova pericial é que pode ser arguida a questão. No caso dos autos, tem o processo uma complexa e desafiante dilação probatória, pois os litigantes trazem à Justiça o dever de declarar qual das partes ocasionou o atraso na entrega de uma plataforma petrolífera e, com isso, deu causa ao considerável aumento do valor final da empreitada, que excedeu sobremaneira o orçamento inicial. Assim, a oportuna impugnação dos trabalhos do perito deve ser avaliada pelo julgador, pois não está sujeita àquela preclusão operada após a nomeação do *expert* não recusada pelas partes. Ao decidir, o juiz poderá substituir o perito ou, dada a complexidade da causa, mandar realizar uma nova perícia" (REsp 1.175.317/RJ, Quarta Turma, Relator Ministro Raul Araújo, DJ 07.05.2013).

O Código de Processo Civil se vale da terminologia "quesitos" para os *pontos suscitados ao largo do desenvolvimento da perícia*. Após a entrega do laudo (art. 477, §2º e §3º, do CPC), seria cabível a petição por "esclarecimentos" para a melhor compreensão do laudo (MARINONI; ARENHART; MITIDIERO, 2017, p. 569). Os mesmos autores assinalam que os quesitos suplementares "devem se prender ao objeto original da perícia deferida, não se prestando para *ampliá-lo ou substituí-lo*. Podem ser apresentados até a conclusão da perícia, ou seja, até a apresentação do laudo pericial e, excepcionalmente, após a sua apresentação, mediante quesitos de esclarecimento, que devem ser respondidos pelo perito no prazo de quinze dias ou, eventualmente, na audiência de instrução e julgamento, para qual deve ser previamente intimado" (MARINONI; ARENHART, 2019, p. 896-897). Independente da terminologia, o importante é a preservação do contraditório material e a observação da responsividade.

2 A resposta do perito previamente ou em audiência de instrução e julgamento

O art. 469, parágrafo único, do Código de Processo Civil dispõe que "o escrivão dará à parte contrária ciência da juntada dos quesitos aos autos". A imediata publicização dos atos processuais é instrumento que impulsiona o contraditório material. Por intermédio dessa interlocução, a parte contrária poderá impugnar os quesitos suscitados e acompanhar as diligências e os esclarecimentos apresentados. Prosseguindo os trabalhos, o perito responderá aos quesitos suplementares, seja por escrito, seja na própria audiência de instrução. É fundamental que todas as questões admitidas no processo sejam respondidas e explicadas ao juízo.

Art. 470. Incumbe ao juiz:

I – indeferir quesitos impertinentes[1];

II – formular os quesitos que entender necessários ao esclarecimento da causa[2].

1 O indeferimento de quesitos impertinentes

A pertinência do quesito deve ser aferida de maneira individual e relacional, porque leva em conta o próprio questionamento efetuado e a sua relevância no contexto com a fonte de prova em observação. Trata-se de uma orientação dinâmica, pois depende das circunstâncias concretas da pessoa ou do objeto em perícia. O que deve ser evitada é a repetição de quesitos ou a sobrecarga de quesitos semelhantes, que não agregam substancialmente ao debate.

Os assistentes técnicos devem manter o foco de seu trabalho na exploração da "margem de erro" da perícia, ou seja, um *mindset approach* diferenciado em relação ao perito oficial. O perigo do art. 470 do Código de Processo Civil é retroceder para discursos em que o juiz indefere um quesito, na alegação de que já estaria "convencido" ou na suposição de que já existem outras provas para esclarecer o ponto questionado. O Superior Tribunal de Justiça recentemente se valeu desse aparente preenchimento de *standard*, que atualmente é impróprio para resolver sobre a admissibilidade da prova e de quesitos: "Não há cerceamento de defesa quando o julgador, ao constatar nos autos a existência de provas suficientes para o seu convencimento, indefere pedido de produção ou complementação de prova. Cabe ao juiz decidir sobre os elementos necessários à formação de seu entendimento, pois, como destinatário da prova, é livre para determinar as provas necessárias ou indeferir as inúteis ou protelatórias" (AgInt no AREsp 1.619.012/MA, Quarta Turma, Relator Ministro Raul Araújo, DJ 15.06.2020).

Todos os sujeitos do processo são destinatários da prova, que deve ser gerida de maneira democrática. A fase de admissão de uma prova ou de um quesito não se confunde com a fase de valoração da prova. Portanto, não se pode utilizar o *standard* de prova, ainda mais com o discurso de que o "juiz é o destinatário da prova", para vedar a admissão de prova ou quesito. Na dúvida, o quesito deve ser admitido – caso não seja mera repetição ou medida de protelação.

2 O juiz formulará quesitos que entender necessários

A terminologia "quesitos necessários" se reporta ao que deveria ser suscitado pela parte ou assistente técnico, mas acabou não sendo. Porque a participação do juiz, em termos de quesitação, é nitidamente subsidiária ao movimento das partes, considerando que o juiz nomeia o perito oficial e concede prazo às partes (art. 465 do CPC), oportunidade em que elas poderão apresentar quesitos.

Em geral, a ordem das coisas acontece no seguinte ritmo: somente na hipótese de substancial ausência de participação dos sujeitos processuais, o juiz deveria formular os quesitos que entender dignos de serem esclarecidos. Na prática, de outro lado, o juiz apresenta um despacho padrão com uma série de quesitos pré-estabelecidos, já no momento em que nomeia o perito (quesitos que sejam relevantes ao objeto da perícia). Carmen Vázquez alerta que "necessitamos de juízes que perguntem e os juízes precisam perguntar. E isso não significa de forma alguma cair em uma espécie de ativismo judicial e muito menos em um modelo de processo judicial inquisitivo, mas simplesmente reconhecer que, no processo judicial, como em qualquer outro âmbito, a probabilidade de acerto da decisão está vinculada à riqueza de informação e, obviamente, à compreensão dessa informação por parte de quem decide" (VÁZQUEZ, 2021, p. 63).

Art. 471. As partes podem, de comum acordo, escolher o perito, indicando-o mediante requerimento[1], desde que:

I – sejam plenamente capazes[1.1];

II – a causa possa ser resolvida por autocomposição.

§1º As partes, ao escolher o perito, já devem indicar os respectivos assistentes técnicos para acompanhar a realização da perícia, que se realizará em data e local previamente anunciados[1.2].

§2º O perito e os assistentes técnicos devem entregar, respectivamente, laudo e pareceres em prazo fixado pelo juiz.

§3º A perícia consensual substitui, para todos os efeitos, a que seria realizada por perito nomeado pelo juiz[1.3].

1 O negócio processual típico para a escolha do perito

A perícia não é consensual, porque tem cabimento quando esse meio de prova é relevante para a demanda. O Código de Processo Civil assegura às partes a escolha do perito, como um negócio processual típico, que não adentra no conteúdo da perícia. "A exemplo da distribuição consensual dos ônus da prova (art. 373, §3º, CPC) e da escolha do perito pelas partes (art. 471, CPC), percebe-se que a lei autoriza, expressamente, a interferência das partes nos poderes instrutórios do juiz, vinculando-o àquilo que foi acordado" (MAFFESSONI, 2020, p. 385).

A Resolução 233 do Conselho Nacional de Justiça, de 13.07.2016, limita a possibilidade na escolha do perito, porque o profissional deve ser habilitado para a função: "Art. 6º É vedada a nomeação de profissional ou de órgão que não esteja regularmente cadastrado, com exceção do disposto no art. 156, §5º, do Código de Processo Civil. Parágrafo único. O perito consensual, indicado pelas partes, na forma do art. 471 do CPC, fica sujeito às mesmas normas e deve reunir as mesmas qualificações exigidas do perito judicial". A perícia consensual não afasta a possibilidade da nomeação de assistentes técnicos, que podem impugnar o trabalho do perito nomeado por consenso. O consenso para escolher o perito tampouco afasta a possibilidade de o juiz fiscalizar o procedimento probatório e valorar a prova criticamente, municiado pela epistemologia e pela virada funcional da prova pericial no atual sistema jurídico processual.

Recentemente, o Superior Tribunal de Justiça decidiu que "as partes podem, de comum acordo, escolher o perito, mediante requerimento dirigido ao magistrado, desde que sejam plenamente capazes e a causa admitir autocomposição. Inexistindo consenso entre os litigantes, o profissional indicado por uma das partes e rejeitado por outra não pode realizar a prova pericial nos autos" (REsp 1.924.452/SP, Terceira Turma, Relator Ministro Ricardo Villas Bôas Cueva, DJ 04.10.2022). Conforme a decisão, a leitura da convenção processual típica deve ser conjugada com a convenção processual atípica (art. 190 do CPC). Ocorre que a escolha do perito não significa disposição de direito, faculdade ou poder processual, tampouco altera o procedimento. As partes podem escolher um perito que lhes seja competente e fiável, sem que isso seja limitado pelo discurso da "disposição de interesses" ou pela vulnerabilidade da parte. Afinal, a perícia deve ser valorada efetivamente – sendo que o jugado parece trafegar ao encontro da "velha não valoração" da perícia, delegando a jurisdição ao profissional e não se discutindo a metodologia dos trabalhos efetuados.[25]

O Enunciado 637 do FPPC pontua: "A escolha consensual do perito não impede as partes de alegarem o seu impedimento ou suspeição em razão de fato superveniente à escolha". Todas as impugnações pertinentes podem ser alegadas, porque a *convenção processual não confere uma blindagem jurídica ao trabalho do perito*.

1.1 As causas de nulidade do negócio processual

A constitucionalização do direito e a evolução dos institutos do direito processual, que assumiu como objetivo a entrega da tutela do direito, implicou o temperamento entre a separação de um regime de invalidade de atos processuais e o regime de invalidade dos atos decorrentes do direito privado. "Tal cenário se mostra especialmente claro no campo dos negócios jurídicos processuais, cuja normativa

---

[25] A decisão assinalou que "inexistindo consenso entre os litigantes, o profissional indicado por uma das partes e rejeitado por outra não pode realizar a prova pericial nos autos". Ou seja, se uma das partes refutar o perito, sequer o juízo pode o nomear para a realização dos trabalhos. Tratando-se de convenção processual, isso chega a ser um contrassenso à autonomia da vontade das partes previstas de maneira genérica no art. 190 do CPC). Afinal, se as pessoas podem escolher ou rejeitar perito, isso não pode ficar ligado à "disponibilidade" do direito – atualmente, até o interesse público pode ser objeto de composição amigável e o processo deve observar a tendência dialógica e de convergência de vontade entre as zonas de interesse.

depende em larga escala da regulação típica do Direito Civil. O mesmo se diga sobre a própria construção teórica quanto à boa-fé objetiva, através do artigo quinto do Código de Processo Civil. O Direito Civil, acaba por fornecer ainda 'ao processo os conceitos de capacidade necessários para aferir a *legitimatio ad processum*'" (AFFONSO, 2020, p. 88). Vale dizer, os pressupostos e limites quanto à capacidade das partes e à análise do objeto do processo – se ele é passível de autocomposição – estão diretamente ligados a um diálogo com o direito material. O incremento do juiz na função de *gatekeeper* não elide a viabilidade jurídica dos negócios judiciais. Pelo contrário, a ideia de um modelo dialógico-responsivo se reforça como um funcionamento ótimo para preservar o contraditório, salvaguardar a percepção científica e permitir publicidade ao itinerário da perícia.

1.2 Negócio jurídico progressivo

As partes flexibilizam o formalismo processual para a alinhavar uma espécie de calendário processual, que já prevê a fiscalização e a intervenção dos assistentes técnicos, a forma e o local da perícia, bem como a tecnologia a ser empregada. As partes podem acompanhar *in loco* o desdobramento do trabalho, fazendo uso de recursos para gravar sons e imagens. Esse tipo de "acerto que antecipa" os atos processuais impulsiona o processo, trazendo transparência e maior agilidade para a prática dos eventos.

As partes também podem escolher, de comum acordo, a empresa que realize a perícia, ou mesmo a técnica que será empregada – por exemplo, ao invés de se elaborar um *exame de DNA*, fazer um *exame de cromossomo Y*, que é mais preciso e atual, nos casos em que é compatível. A remuneração do perito escolhido pelas partes não segue os ditames do Código de Processo Civil, é matéria resolvida na perspectiva da autonomia privada das partes. Esse motivo permite que se invoquem técnicas e instrumentos mais avançados, ainda que mais custosos, mas que façam diminuir a margem de erro dos achados e traga uma solução de "engajamento" dos interessados na busca pela solução da demanda.

1.3 A escolha consensual do perito é diferente de perícia consensual

O art. 471, §3º, do Código de Processo Civil prevê que a "perícia consensual" substitui para todos os efeitos a perícia quer seria realizada por perito nomeado pelo juízo. Em primeiro lugar, a *escolha consensual de perito é negócio processual típico e diferente de uma* "perícia consensual". Essa última consiste em um negócio processual atípico em que as partes podem negociar até o *standard* científico pertinente às fontes examinadas. Na literalidade do CPC, as partes não interferem na realização da perícia, no trabalho propriamente dito do perito eleito conjuntamente, considerando que o negócio sobre a escolha do perito não toca o conteúdo da perícia. De qualquer maneira, as partes podem fiscalizar e podem impugnar os achados científicos ou técnicos do próprio perito que convencionaram nomear.

A partir do momento em que o perito assume a responsabilidade de atuar no processo, surge também uma situação ativa de atuar com segurança e liberdade e livre de influências externas, é necessário protegê-lo em relação à vontade não fundamentada das partes (AVELINO, 2018, p. 221), por isso não se fala em "perícia consensual", considerando que o perito mantém a independência, embora nomeado em conjunto pelas partes. A substituição desse perito deve ser fundamentada, inclusive, com a nomeação de outro perito, em conjunto pelas partes.

Art. 472. O juiz poderá dispensar prova pericial quando as partes, na inicial e na contestação, apresentarem, sobre as questões de fato, pareceres técnicos ou documentos elucidativos que considerar suficientes[1].

1 Negócio processual dinamizado

A desnecessidade da perícia prevista pelo art. 464, §1º, II, do Código de Processo Civil se vale de uma concepção estática, porque geral e abstrata na observação do meio de prova pericial. Levando em conta o cabimento da perícia, ela pode ser reputada por desnecessária. O art. 472 do CPC regulamenta uma *outra espécie de negócio jurídico processual*, que não aparece formalizado pela anotação das partes, mas se compadece ao comportamento dos sujeitos parciais na perspectiva do substrato de direito material em litígio. Trata-se de uma situação concretista, dúctil e contingente, porque é admitida em face do contexto argumentativo dos litigantes e da *suficiência das provas que já estão juntadas no processo* – pareceres técnicos ou documentos apresentados, conforme a natureza da causa, podem preencher o *standard* de prova (CASTRO, 2021, p. 127-128).

O Superior Tribunal de Justiça reconhece a possibilidade de o comportamento processual validar negócios ou impedir o desfazimento de negócios: "É válida a transação homologada pelo Juízo, nos autos da execução, em que o devedor assume o compromisso de vender o bem de família para quitar a dívida em debate, configurando comportamento contraditório a posterior alegação de que o imóvel estaria protegido pela impenhorabilidade prevista na Lei nº 8.009/1990" (AgInt no AREsp 1.886.576/SP, Terceira Turma, Relator Ministro Ricardo Villas Bôas Cueva, DJ 29.11.2021). *Se o entendimento é válido para negócios que tocam o objeto do processo, evidente que pode ser utilizado para negócios processuais.* O próprio Código Civil determina que a interpretação do negócio jurídico deve considerar o comportamento das partes (art. 113, §1º, I, CC), não havendo grande novidade no sistema jurídico. O perigo desse dispositivo do Código de Processo Civil é chegar a um *retrocesso no qual o juiz indefere provas por se reputar convencido ou algo do tipo*. Epistemicamente, consoante a separação das fases da atividade probatória e observando o princípio da comunhão das provas, o *magistrado não é o único destinatário dos meios de prova*. Quer dizer, o juiz não pode dispensar uma prova requerida em situações que ensejam um maior aprofundamento da cognição, pelo simples decisionismo de "se sentir" convencido.

Por essa razão, o presente negócio processual foi denominado "dinâmico", na medida em que se contextualizam as provas em relação ao litígio e à natureza da própria demanda (eventual caráter repetitivo da demanda, haver prova produzida em processo coletivo para a mesma finalidade, dentre outros aspectos). A dispensa da perícia pela apresentação de pareceres ou demais documentos, na prática, subentende a *igualdade perante o direito*. O dispositivo tem aplicação especialmente em questões que se repetem no juízo, por exemplo, demandas em que se postula internação hospitalar ou medicamentos à rede pública. A característica da "repetição de demandas" é decisiva na leitura da regra, pois uma categórica dispensa de prova pericial caracterizaria um negócio processual vedado – *as partes não podem negociar a exclusão absoluta* de um direito fundamental ao devido processo legal, ao contraditório, ao direito de defesa e ao direito fundamental à prova. A exclusão é categórica quando, abstratamente, a perícia acaba superada por documentos e pareceres técnicos, dispensando um olhar que abarque o *contexto argumentativo* e "mais" a *natureza da causa*. Porém, a substituição da perícia por outras provas denota a ausência de supremacia da perícia em relação aos outros meios de prova, como também assinala que o ônus da prova é principalmente um recado para as partes, sendo que elas podem fazer acordos sobre o desenvolvimento da prova pericial por motivos de economia de tempo e dinheiro (MAFFESSONI, 2020, p. 381), sem que isso signifique apoucar o papel do juiz.

O Superior Tribunal de Justiça reverteu julgamento proferido por Tribunal de Justiça, assentando que "a escolha do medicamento compete a médico habilitado e conhecedor do quadro clínico do paciente, podendo ser tanto um profissional particular quanto um da rede pública. O que é imprescindível é a comprovação da necessidade médica e da hipossuficiência econômica" (RMS 61.891, Segunda Turma, Relator Ministro Herman Benjamin, DJ 19.11.2019). Ainda que o remédio não seja fornecido pelo Sistema Único de Saúde, o Tribunal da Cidadania refletiu que o médico que acompanha o paciente tem melhores condições para apurar o estado de saúde do paciente – a opinião desse médico é mais eficiente (art. 8º do CPC) na dinâmica da prova. Em outro julgamento (REsp 1.801.213/RS, Segunda Turma, Ministro Herman Benjamin, DJ 10.12.2019), embora o paciente não estivesse fazendo tratamento pelo

SUS, o Superior Tribunal de Justiça reconheceu a força corroborativa de atestado firmado por médico particular, para a finalidade de fornecimento de medicamento. Os casos anotados se repetem no Judiciário, razão pela qual o entendimento implica uma autêntica "máxima de experiência científica", pois é elaborada pela consistência dos julgamentos que se valem do *background* científico atestado em inúmeros médicos, em casos análogos (igualdade perante o direito).

A importância dessa jurisprudência é tremenda, em primeiro lugar, porque confere aplicação prática ao dispositivo em análise. Em segundo lugar, porque se denota que a *perícia oficial não se trata de um obelisco intocável que deveria estar acima de todos os demais meios de prova*. A análise do art. 472 do Código de Processo Civil permite as seguintes conclusões: (a) as partes podem celebrar um negócio jurídico processual tácito, que se denominou dinâmico, porque decorrente do comportamento das partes; (b) a natureza da causa e a dialeticidade são as notas que permitem, processualmente, a dispensa da prova pericial, utilizando-se documentos e pareceres técnicos como alternativas epistemicamente válidas; (c) ao considerar o atestado médico particular e ressaltar que o médico que acompanha o paciente tem melhores condições de aferir a fonte do exame (o estado de saúde da pessoa), o Superior Tribunal de Justiça, em *ratio decidendi*, disciplina que a perícia judiciária oficial não está acima de outros meios de prova.

As premissas são confirmadas pelo Superior Tribunal de Justiça, quando se textualiza: "Comprovadas a necessidade de uso de medicamento e a falta de condições do paciente de suportar os custos do tratamento, o Estado tem o dever de fornecer a medicação necessária ao tratamento de saúde, não podendo interferir, determinando qual o medicamento deve fornecer, pois o que se objetiva é garantir maior eficácia na recuperação do paciente. Destaque-se que a indicação da medicação adequada, bem como eventual ineficácia, ou efeitos nocivos decorrentes desta, constitui responsabilidade do profissional Médico que a receitou. Com efeito, as afirmações do profissional não podem ser desconsideradas, já que o Médico, além de estar regularmente inscrito no CRM, situação que lhe permite receitar medicamentos a seus pacientes e realizar o adequado tratamento, está acompanhando o desenvolvimento do quadro clínico da paciente" (AgInt no REsp 1.373.566/SC, Primeira Turma, Relator Ministro Napoleão Nunes Maia Filho, DJ 24.08.2020). O comportamento das partes confere vigência a uma regra jurídica, nas palavras de Robert Alexy, a partir do "ser" ocorre a derivação para o "dever ser". O autor quer dizer que "o problema fundamental da forma de fundamentação empírica consiste na passagem da constatação de que uma regra de fato vale ou corresponde a convicções faticamente existentes à constatação de que sua observância leva a resultados corretos ou verdadeiros, ou seja, que ela é, nesse sentido, racional. Aqui se trata de um caso especial de derivação de um dever ser a partir de um ser. Essa derivação só seria autorizada quando se aceita a premissa de que a prática existente ou que as convicções faticamente existentes são racionais" (ALEXY, 2015, p. 44). O elenco de critérios extraídos da jurisprudência e da análise da regra do Código de Processo Civil permite inferir que o comportamento das partes é racional na dispensa contextualizada e dialógica da perícia – observado o contexto e respeitado os limites garantidos pelo sistema jurídico.

Art. 473. O laudo pericial deverá conter[1]:

I – a exposição do objeto da perícia;

II – a análise técnica ou científica realizada pelo perito;

III – a indicação do método utilizado, esclarecendo-o e demonstrando ser predominantemente aceito pelos especialistas da área do conhecimento da qual se originou[1.1];

IV – resposta conclusiva a todos os quesitos apresentados pelo juiz, pelas partes e pelo órgão do Ministério Público.

§1º No laudo, o perito deve apresentar sua fundamentação em linguagem simples e com coerência lógica, indicando como alcançou suas conclusões[1.2].

§2º É vedado ao perito ultrapassar os limites de sua designação, bem como emitir opiniões pessoais que excedam o exame técnico ou científico do objeto da perícia.

§3º Para o desempenho de sua função, o perito e os assistentes técnicos podem valer-se de todos os meios necessários, ouvindo testemunhas, obtendo informações, solicitando documentos que estejam em poder da parte, de terceiros ou em repartições públicas, bem como instruir o laudo com planilhas, mapas, plantas, desenhos, fotografias ou outros elementos necessários ao esclarecimento do objeto da perícia[1.3].

1 Os requisitos do laudo pericial (consistência e coerência)

O laudo pericial consiste no discurso que explica todo o trabalho desenvolvido pelo especialista. O perito ainda pode responder aos quesitos complementares ou comparecer em audiência para prestar esclarecimentos. Entretanto, o laudo corporifica o meio de prova, o juiz examina principalmente o laudo, razão pela qual o Código de Processo Civil estabelece requisitos mínimos para a validade dessa opinião informada.

Em primeiro lugar, o laudo deve ser consistente no sentido de não apresentar contradições internas e se reportar ao exame do objeto da perícia (MACCORMICK, 2008, p. 248). Em segundo lugar, a coerência é a propriedade de um grupo de proposições que tomadas em conjunto são racionais em sua totalidade. A coerência assenta um reforço estrutural em termos de lógica do discurso, permitindo verificar a contextualização do trabalho do perito no confronto entre o laudo e as fontes de prova examinadas. O laudo também deve reportar a análise técnica ou científica desenvolvida. O perito deve mencionar a bibliografia que abarca a especialidade e os conceitos empregados, descrever os instrumentos utilizados no experimento, assim como minudenciar os dados ou amostras investigadas, esclarecendo sobre a atualidade da fonte de prova ou se houve deterioração do objeto analisado. O laudo deve ser expresso na identificação do procedimento que orientou o trabalho científico e responder de maneira direta e precisa aos quesitos formulados pelas partes, assistentes técnicos, Ministério Público e juiz.

1.1 A aceitação geral da comunidade científica (método utilizado como demarcação da cientificidade)

O artigo 473, III, do Código de Processo Civil parece que abarcou o critério utilizado no precedente *Frye* para demarcar a cientificidade (o que é ciência?) – trata-se do critério ou *standard* da "aceitação geral". O laudo deve esclarecer a metodologia de trabalho, demonstrando que existe cientificidade nos conceitos e técnicas empregadas. Porém, o critério da "aceitação geral" não deve ser o único a polarizar a estrutura da metodologia da perícia. A dogmática critica esse *standard*, pois ele repudia as novas práticas, parece firmar uma verdade absoluta em algo tremendamente dinâmico (conhecimento científico), além de conferir uma noção de *sistema fechado* às corporações do saber.

Danilo Knijnik assegura que o critério da aceitação geral tem inúmeras limitações, obstando a penetração, no processo, de novas tecnologias e avanços científicos, inclusive na área das perícias em ciências sociais. Ora, a aceitação geral e a possibilidade de sua demonstração objetiva pelo perito, algo duvidoso, pressuporia a real existência de uma absoluta verdade científica, tanto para habilitar, tanto para descredenciar o laudo pericial, a partir de uma verdade titularizada exclusivamente por iniciados e admitidos por determinadas corporações de saber. De pronto, caberia perguntar: *que corporações seriam essas? Qual a legitimidade ou representatividade desse pessoal?* Uma pressuposição de "razão pela autoridade" de classe levaria a uma maldisfarçada delegação da jurisdição, ainda que parcial, a membros dessa mesma comunidade, por meio da verdade dos peritos. Esse critério de aceitação geral, ademais, deixará o aplicador atônito, em situações muito corriqueiras, como nas hipóteses de desacordo pericial, inexistência de aceitação geral ou, inclusive, na inviabilidade de sua aferição pelo juízo (KNIJNIK, 2017, p. 39-40).

Carmen Vázquez alerta que o problema para apelar ao consenso da comunidade científica é incorrer em uma generalização falseável. É bastante comum haver desacordos entre os diversos membros de uma comunidade científica, sendo muito "ingênuo pensar que *todos ou quase todos* os membros da comunidade concordem *sempre*, por exemplo, sobre o marco teórico aplicável ou sobre como aplicar os conhecimentos teóricos ao caso concreto" (VÁZQUEZ, 2021, p. 216). O progresso da ciência é devedor da testabilidade, da falseabilidade, da inconformidade e da experimentação dos métodos já existentes. A adoção de uma metodologia de trabalho supostamente aceita pela universalidade (de qualquer classe acadêmica), subentende que a ciência se trata de fenômeno abstrato e "notório", além de automaticamente descuidar que a percepção do perito é humana, sendo que ele pode se equivocar, ainda mais em um processo no qual está sujeito a prazos, a pressões econômicas, a controles sociais, a lacrações de internet e a recursos jurídicos (HAACK, 2014c, p. 166). Os cientistas e os peritos não estão livres de pressões, *lobbies*, interesses pessoais na carreira e opiniões isoladas (POLANYI, 1946, p. 40) – isso nitidamente enfraquece a fixação da metodologia no unitário critério *Frye (a aceitação geral não resolve o problema do método de uma boa perícia)*.

A leitura sistemática do próprio Código de Processo Civil não permite dizer que o critério da aceitação geral engessa o método do perito. "A antinomia entre o art. 473, III (a sugerir a incorporação da metodologia *Frye*) e o art. 479 (a sugerir o encargo de verificar os fatores *Daubert*) é apenas aparente: do cotejo desses dispositivos surge o caráter meramente exemplificativo do primeiro, revelando, quiçá, certa preferência do legislador, a exigir, quando muito, maior reforço argumentativo quando abandonado o critério da aceitação geral em prol de outras metodologias" (KNIJNIK, 2017, p. 94).

A transição do *standard Frye* para a série de critérios *Daubert* revela uma constante *evolução de enfoques, tanto para a admissão quanto para a valoração da perícia judiciária*. Nesse sentido, o perito deve esmiuçar o método utilizado em seu trabalho (art. 473, III), sem ficar adstrito a um único critério que seria da "aceitação geral" pelos pares. A "qualidade da perícia" se fundamenta em critérios consagrados, seja pela utilização anterior (inclusive, em outros processos), seja porque apresenta uma margem de erro confiável, seja pela tecnologia e amostra disponíveis, tudo de maneira que a perícia tenha compatibilidade com o objeto examinado. Não existe um *checklist* definitivo que respalda a absoluta ilustração de uma perícia-formulário, as peculiaridades do caso podem ensejar novos fatores, ainda mais, considerando o diuturno avanço da ciência.

1.2 A linguagem simples e a congruência do laudo pericial

A perícia judiciária resolve uma questão que transcende o conhecimento comum. O especialista não pode ser obscuro, confuso, complexo ou indeterminado em seu discurso. O laudo pericial deve ser direto, escrito em linguagem clara e precisa, para que um leigo possa entender o que foi experimentado. O texto deve explicar o procedimento que resultou no achado pericial, sem exasperar os limites estipulados para a realização do exame.

O trabalho do perito entrega uma informação qualificada ao processo. Então, o princípio da congruência do laudo não permite que sejam alocadas opiniões pessoais dissonantes da técnica e da metodologia empregada, tampouco o laudo pode exceder as informações hauridas do exame da fonte de prova e dos questionamentos efetuados pelas partes, pelos assistentes técnicos, pelo Ministério Público e pelo juiz.

1.3 O poder de acesso às fontes de prova

O perito e os assistentes técnicos devem ter amplo acesso ao objeto ou à pessoa que consistem nas fontes de prova. O profissional pode se valer dos meios mais eficientes para a realização do trabalho especializado, inquirindo testemunhas, recolhendo vestígios, obtendo informações diretas, solicitando documentos que estejam em poder de terceiros ou em repartições públicas.

O Superior Tribunal de Justiça decidiu que a consulta a outros especialistas também é válida: "Para a realização da perícia, o perito e o assistente técnico podem socorrer-se de todos os meios de coleta de dados necessários, inclusive conhecimentos técnicos de outros profissionais, devidamente qualificados nos autos" (REsp 217.847/PR, Terceira Turma, Relator Ministro Castro Filho, DJ 17.05.2004).

Havendo resistência de alguém, para fornecer algum documento ou objeto, o fato deve ser comunicado ao juiz, que requisitará as informações pertinentes. O perito pode elaborar seu discurso se valendo da tecnologia, por intermédio de um *template* fácil de visualizar, com maquetes, desenhos ou croquis, sempre no sentido de facilitar o entendimento do leigo e do próprio juiz que valora o laudo pericial.

Art. 474. As partes terão ciência da data e do local designados pelo juiz ou indicados pelo perito para ter início a produção da prova[1].

1 A técnica processual a serviço da tutela do direito

A finalidade do processo civil é prestar a tutela do direito. Esse objetivo deve ser alcançado com a observação do devido processo legal, do contraditório material, do direito de defesa, do direito fundamental à prova e dos demais princípios que são adensados por intermédio das técnicas processuais. As partes devem ser cientificadas sobre a data e local da perícia, de maneira que elas possam acompanhar, fiscalizar e contrapor, *in loco*, a atuação do perito. "Limitar o contraditório na prova pericial à impugnação depois de laudo pronto e acabado seria o mesmo que impedir a presença das partes e seus patronos na audiência de instrução e julgamento, limitando-se sua participação, na prova testemunhal, a impugnar o depoimento das testemunhas" (NEVES, 2021. p. 849).

A atuação efetiva dos assistentes técnicos depende da plena ciência sobre os eventos processuais impulsionados pelo perito. É possível que seja realizada filmagem ou gravação da fonte da prova, bem assim a filmagem ou gravação da própria realização da perícia, de maneira que seja realmente *custodiado o trabalho do perito* para se oportunizar argumentar sobre a margem de erro do método ou sobre a adequação das técnicas utilizadas.

O Superior Tribunal de Justiça tem julgado que presume o prejuízo à parte que não foi cientificada acerca da data e local da perícia: "É nula a perícia produzida sem intimação das partes quanto ao dia e local de realização da prova (Art. 431-A, CPC). O ônus de provar que o vício formal do processo não trouxe prejuízos não é da parte a quem aproveita a declaração de nulidade, mas de seu adversário. A realização de ato processual em desatendimento à forma prescrita em lei traz, em si, presunção de prejuízo. A nulidade da perícia contamina todos os atos processuais anteriores" (REsp 806.266/RS, Terceira Turma, Relator Ministro Humberto Gomes de Barros, DJ 18.10.2007). Em julgado mais recente, o Superior Tribunal de Justiça assinalou que a decretação de nulidade depende da demonstração do prejuízo. No caso concreto, a presença de representante da parte teria suprido a falta de intimação, situação que equivale a dizer que é indispensável a intimação dos interessados (conforme analogia comentada ao art. 26 da Lei nº 9.784/1999): "O Superior Tribunal de Justiça tem iterativamente assentado que a decretação de nulidade de atos processuais depende da necessidade de efetiva demonstração de prejuízo da parte interessada, por prevalência do princípio *pas de nulitté sans grief*. Apesar da irregularidade da intimação da parte para início da produção de prova pericial, o Tribunal *a quo* concluiu que não houve prejuízo, porque o representante dela acompanhou a perícia e o *expert* respondeu imparcialmente os quesitos apresentados por ambas as partes, além de prestar os esclarecimentos após a entrega do laudo" (AgRg no REsp 1.431.148/PR, Segunda Turma, Relator Ministro Herman Benjamin, DJ 19.03.2015). Toda a sistemática elaborada pelo Código de Processo Civil, desde as normas fundamentais até chegar nas normas específicas sobre a perícia judiciária, assinalam um modelo que garante a presença, fiscalização e a argumentação do assistente técnico acerca da prova produzida.

Art. 475. Tratando-se de perícia complexa que abranja mais de uma área de conhecimento especializado, o juiz poderá nomear mais de um perito, e a parte, indicar mais de um assistente técnico[1].

1 Complexidade da fonte de prova e nomeação de equipe multidisciplinar. *Expert teaming*

A ciência e a técnica não consistem em um corpo enciclopédico de conhecimento que pode ser consultado abstratamente, antes representam um processo de proposições e refinamentos de explicações teóricas sobre os fenômenos, sujeitas a subsequentes testes e a novos achados em profusão. A depender da complexidade das coisas, pessoas ou fatos avaliados (fontes de prova), será necessária a nomeação de mais de um perito e a contratação de mais de um assistente técnico, para que os profissionais possam suprir as informações que a especificidade das categorias de conhecimento atualmente pressupõe. Pode ser nomeado um órgão técnico ou científico que disponha de profissionais de diversas especialidades para informar adequadamente o processo (art. 156, §1º, CPC).

A regra do Código de Processo Civil reproduz algo que o sistema jurídico outrora regulamentava, conforme se observa na previsão de equipe "interprofissional" ou "multidisciplinar", no Estatuto da Criança e do Adolescente, que deve "fornecer subsídios por escrito, mediante laudos, ou verbalmente, na audiência, bem assim desenvolver trabalhos de aconselhamento, orientação, encaminhamento, prevenção e outros, tudo sob a imediata subordinação à autoridade judiciária, assegurada a livre manifestação do ponto de vista técnico" (artigo 151 de Lei nº 8.069/1990). Em se tratando de pessoa portadora de deficiência, "antes de se pronunciar sobre o pedido de tomada de decisão apoiada, o juiz, assistido por equipe multidisciplinar, após oitiva do Ministério Público, ouvirá pessoalmente o requerente e as pessoas que lhe prestarão apoio" (art. 1.783-A, §3º, do Código Civil). A Lei Brasileira de Inclusão de Pessoa com Deficiência determina que "a avaliação da deficiência, quando necessária, será biopsicossocial, realizada por equipe multidisciplinar" (art. 2º, §1º, da Lei nº 13.146/2015). A Lei Maria da Penha pontua que "os Juizados de Violência Doméstica e Familiar contra a Mulher que vierem a ser criados poderão contar com uma equipe de atendimento multidisciplinar, a ser integrada por profissionais especializados nas áreas psicossocial, jurídica e de saúde" (art. 29 da Lei nº 11.340/2006). A Lei de Execução Criminal estabelece uma *polêmica classificação dos condenados*, segundo seus antecedentes, personalidade e outras circunstâncias, para orientar a individualização do cumprimento da pena (art. 5º, XLVI, da CF). A ponderação será efetuada por Comissão Técnica de Classificação, existente em cada estabelecimento, sendo "presidida pelo diretor e composta, no mínimo, por dois chefes de serviço, um psiquiatra, um psicólogo e um assistente social" (art. 7º da Lei nº 7.210/1984). O art. 159, §7º, do Código de Processo Penal tem redação similar ao art. 475 do Código de Processo Civil, que se refere a um *substrato material complexo* que abranja mais de uma área de conhecimento imprescindível para a explicação dos eventos. De outro lado, o art. 480 do CPC regulamenta a realização de nova perícia sobre um mesmo objeto (fonte de prova), quando a matéria não estiver suficientemente esclarecida (não preenchido o *standard* científico).

  Uma prática comum na arbitragem internacional pode ser utilizada no processo civil. A *expert teaming* prevê a possibilidade de cada uma das partes separar o nome de três a cinco especialistas para que o juízo escolha um ou mais profissionais dessas listas, perfazendo uma autêntica equipe de peritos. Trata-se de um modelo híbrido em que as partes fornecem múltiplas escolhas, mas a palavra final é reservada ao Judiciário – sempre lembrando que essas modalidades que tornam a escolha do perito randômica ou aleatória, combinada ao compromisso profissional do assistente técnico com a ciência, resultam em um ambiente que dispensa os axiomas de como "o perito oficial prevalece sobre o assistente técnico da parte". A movimentação das partes em cooperação ao juízo não permite uma separação categórica entre os sujeitos, considerando que a finalidade desses agentes é de caráter epistêmico, embora o *mindset approach* possa ser sutilmente diferenciado.

Art. 476. Se o perito, por motivo justificado, não puder apresentar o laudo dentro do prazo, o juiz poderá conceder-lhe, por uma vez, prorrogação pela metade do prazo originalmente fixado[1].

1 A prorrogação do prazo para a entrega do laudo pericial

O juiz nomeará o perito e fixará de imediato o prazo para a entrega do laudo (art. 465 do CPC). O intervalo pode sofrer alterações decorrentes de força maior (pandemia) ou de motivos pessoais, como a doença que acomete o perito ou uma internação que inviabiliza o exame da pessoa a ser inspecionada. O acúmulo de trabalho ou o conflito da agenda do profissional também pode ensejar o pedido para alargamento do prazo, lembrando que a nomeação busca um especialista cadastrado em lista perante o órgão judiciário.

Na medida em que o sistema jurídico permite a realização de uma ou mais perícias (art. 480), bem assim a nomeação de um ou mais profissionais conforme a interdisciplinaridade (art. 475), a prorrogação do prazo originalmente fixado pode ocorrer com base em fundamentação razoável. *Não se trata de prazo próprio*, sendo que o novo prazo não fica adstrito à "metade do prazo originalmente fixado". *O caso concreto que circunstancia o deferimento do novo prazo.*

Art. 477. O perito protocolará o laudo em juízo, no prazo fixado pelo juiz, pelo menos 20 (vinte) dias antes da audiência de instrução e julgamento[1].

§1º As partes serão intimadas para, querendo, manifestar-se sobre o laudo do perito do juízo no prazo comum de 15 (quinze) dias, podendo o assistente técnico de cada uma das partes, em igual prazo, apresentar seu respectivo parecer[1.1].

§2º O perito do juízo tem o dever de, no prazo de 15 (quinze) dias, esclarecer ponto[1.2]:

I – sobre o qual exista divergência ou dúvida de qualquer das partes, do juiz ou do órgão do Ministério Público;

II – divergente apresentado no parecer do assistente técnico da parte.

§3º Se ainda houver necessidade de esclarecimentos, a parte requererá ao juiz que mande intimar o perito ou o assistente técnico a comparecer à audiência de instrução e julgamento, formulando, desde logo, as perguntas, sob forma de quesitos.

§4º O perito ou o assistente técnico será intimado por meio eletrônico, com pelo menos 10 (dez) dias de antecedência da audiência[1.3].

1 A entrega do laudo no órgão judiciário

O juiz nomeia o perito e fixa o prazo para a entrega do laudo (art. 465). O prazo poderá ser prorrogado com a pertinente justificação (art. 477). Para assegurar a possibilidade de plena defesa e contraditório às partes, o laudo deverá ser entregue ao órgão judiciário pelo menos vinte dias antes da audiência de instrução e julgamento.

O Superior Tribunal de Justiça pontua que "quando não fixado o termo final para apresentação do laudo pericial, torna-se necessária a intimação para evitar que as partes sejam surpreendidas, iniciando-se daí a contagem do prazo para ser apresentada a impugnação" (REsp 686.795/MG, Segunda Turma, Relator Ministro Castro Meira, DJ 04.05.2006).

1.1 A transparência e a publicização do laudo pericial. Necessidade da intimação do advogado e do assistente técnico

As partes devem ser intimadas para tomarem ciência do laudo pericial e se manifestarem. O Código de Processo Civil enfatiza que os assistentes técnicos poderão se manifestar no mesmo prazo. Ou seja, a parte pode se manifestar por simples petição, além da manifestação do assistente técnico. Considerando a possibilidade de o advogado assumir determinada estratégia, tendo em vista a agilidade da intimação eletrônica, é interessante que os assistentes técnicos também sejam intimados. A partir da plena ciência e transparência dos atos, o advogado e o assistente técnico tomarão as providências cabíveis nas respectivas manifestações. A legislação estabelece um prazo comum de quinze dias para essa movimentação das partes e dos assistentes técnicos, um lapso que pode ser ampliado, a depender da complexidade da fonte de prova (analogia ao art. 476). *O prazo em comum seria discutível para os vetustos comentários do século XX*, que sempre alegariam que a parte autora deveria se posicionar antes da "defesa", como acontece nos discursos inerentes ao processo penal. O processo eletrônico não permite prejuízo em conhecer sobre o laudo que é publicizado às partes. Além disso, *o prazo comum reforça o que se disse a respeito da ausência de diferença qualitativa entre perito oficial e assistente técnico* – também reforça o argumento de que a "confiança" não é antípoda da "desconfiança", inexistindo distinção categórica, antes ocorrendo uma progressão "de grau" em termos de fiabilidade ou proposição científica (*trustworthiness*), salientando-se que o assistente técnico não é inimigo da ciência, ele apenas possui outro foco em seu trabalho (*mindset approach*).

A transparência e a publicidade em relação aos movimentos do perito oficial consistem em deveres que repercutem o devido processo legal e seus consectários constitucionalizados: "O princípio do contraditório, garantia constitucional, serve como pilar do processo civil contemporâneo, permitindo às partes a participação na realização do provimento. Apresentado o laudo pericial, é defeso ao juiz proferir desde logo a sentença, devendo abrir vista às partes para que se manifestem sobre ele, pena de violação do princípio do contraditório" (STJ, REsp 421.342/AM, Quarta Turma, Relator Ministro Sálvio de Figueiredo Teixeira, DJ 11.06.2002). Antes da automação dos atos processuais, poderia se entender que as partes deveriam serem intimadas somente por intermédio de seus advogados: "Se o laudo do perito não foi entregue no prazo fixado pelo juiz, as partes, pelos seus advogados, devem ser intimadas da sua juntada aos autos, passando daí a correr o prazo de dez dias para os assistentes apresentarem seus pareceres" (REsp 299.575/MG, Terceira Turma, Relator Ministro Antônio de Pádua Ribeiro, DJ 20.11.2003). A intimação de um sujeito cadastrado eletronicamente depende da mera digitação de "uma tecla" no computador, sendo imperiosa a informação ao assistente técnico no mundo contemporâneo (entendimento juridicamente contemplado no próprio art. 477, §4º, do CPC).

1.2 O perito nomeado deve esclarecer os pontos suscitados

Os assistentes técnicos avaliam a fonte de prova e apresentam suas ponderações, canalizando esforços para salientar ou mitigar a margem de erro do trabalho pericial. Por intermédio do advogado, as partes também podem se manifestar, assim como o Ministério Público (nas causas em que intervém) e o próprio magistrado, solicitando esclarecimentos.

O pedido de esclarecimento pressupõe a entrega do laudo e não se confunde com a formulação de quesitos suplementares (art. 469). O profissional nomeado pelo juízo, no prazo assinalado de quinze dias, tem o dever de responder aos pontos suscitados, esclarecendo dúvidas, justificando o emprego de determinada técnica e os motivos que foram determinantes para a sustentabilidade da opinião.

Existem casos em que a resposta não é prontamente afirmada nos prazos legislativamente assinados. Por exemplo, a invalidez de alguma pessoa por motivo fisiológico ou mental, a pesquisa sobre a abrangência de algum dano ambiental, bem como a verificação acerca da funcionalidade de algum fármaco, em geral, são questões reputadas *imediatamente* "incomensuráveis", porque o *fator tempo e a categorização suficiente da amostragem são fundamentais para que os achados sejam cientificamente consistentes*. Nesses termos, a manifestação do perito pode não ser conclusiva ou categórica, mas deve explicitar essas circunstâncias que podem influenciar decisivamente no resultado do processo. Um pedido de esclarecimento somente poderá ser rejeitado em caso de repetição ou irrelevância, levando em conta o caso concreto e o nível da discussão.

1.3 O comparecimento do perito oficial e dos assistentes técnicos em audiência de instrução e julgamento

Prestados os esclarecimentos na forma do art. 477, §2º, do CPC, ainda pode remanescer algum ponto pendente de maior aprofundamento. A parte poderá requerer e o juiz também pode determinar de ofício, que o perito e os assistentes técnicos compareçam em audiência, para prestar as informações oralmente. Os profissionais devem ser intimados por meio eletrônico, com pelo menos dez dias de antecedência da audiência (art. 477, §4º, CPC). O Código de Processo Civil menciona que as indagações devem ser apresentadas ao perito sob a "forma de quesitos", entendendo-se que esse discurso deve ser assertivo, pontuado em tópicos, de maneira a facilitar a concatenação do raciocínio. O diálogo entre os profissionais pode resultar em uma verdadeira convergência de fatores decorrente da técnica dialógica – performance em *hot tubbing*.

Art. 478. Quando o exame tiver por objeto a autenticidade ou a falsidade de documento ou for de natureza médico-legal, o perito será escolhido, de preferência, entre os técnicos dos estabelecimentos oficiais especializados, a cujos diretores o juiz autorizará a remessa dos autos, bem como do material sujeito a exame[1].

§1º Nas hipóteses de gratuidade de justiça, os órgãos e as repartições oficiais deverão cumprir a determinação judicial com preferência, no prazo estabelecido[2].

§2º A prorrogação do prazo referido no §1º pode ser requerida motivadamente.

§3º Quando o exame tiver por objeto a autenticidade da letra e da firma, o perito poderá requisitar, para efeito de comparação, documentos existentes em repartições públicas e, na falta destes, poderá requerer ao juiz que a pessoa a quem se atribuir a autoria do documento lance em folha de papel, por cópia ou sob ditado, dizeres diferentes, para fins de comparação[3].

1 A perícia efetuada por estabelecimentos oficiais especializados

Os Institutos Médico Legais, os órgãos de Segurança Pública e os Institutos de Criminalística contam com vasta experiência na realização de exame de corpo de delito e na verificação de autenticidade de documentos (arts. 158, 159, 164 e 174 do Código de Processo Penal). Quando o exame tiver por objeto a autenticidade ou a falsidade de documento ou for de natureza médico-legal, o Código de Processo Civil estabeleceu uma preferência para a destinação da fonte de prova para esses estabelecimentos oficiais, para os quais o juiz remeterá as amostragens e dará ciência do processo.

O Superior Tribunal de Justiça assentou que "o fato de a lei dispor que o perito será escolhido de preferência entre os técnicos dos estabelecimentos oficiais especializados, não impede que o magistrado nomeie médico particular tecnicamente habilitado" (REsp 19.062/SP, Segunda Turma, Relator Ministro José de Jesus Filho, DJ 29.11.1993). A questão da economia e da eficiência processual devem ser avaliadas. O juiz se comunicará com o diretor do órgão público, para quem remeterá a fonte de prova e dará vista do processo. A custódia do material a ser examinado deve ser efetuada com segurança, oportunizando-se ao assistente técnico acompanhar a separação de eventual amostra e o momento em que houver a guarda, bem assim o lacre do compartimento que contenha a fonte de prova. Embora não seja nomeado um perito específico, o trabalho será firmado por algum profissional lotado no órgão oficial, conforme jurisprudência do Superior Tribunal de Justiça (AgRg no Ag 38.839/SP, Quarta Turma, Relator Ministro Sálvio de Figueiredo Teixeira, DJ 07.02.1995).

2 A hipótese da gratuidade da justiça

O art. 98, §1º, VI, do Código de Processo Civil assinala que a gratuidade da justiça compreende "os honorários do advogado e do perito". Muitos profissionais deixam de aceitar a nomeação, quando a parte é beneficiária da gratuidade da justiça, considerando que a remuneração entregue pelo Estado será menos atrativa. O magistrado procura atribuir o encargo da perícia a órgãos públicos, que não causam entrave para o desenvolvimento do trabalho, pois, muitas vezes, os peritos declinam a nomeação em decorrência da baixa remuneração. Ainda que as instituições públicas procurem cumprir o prazo estipulado pelo juízo, elas estão assoberbadas de trabalho, valendo-se dessa motivação para que seja postulada e deferida a prorrogação do prazo para efetuar a perícia. As peculiaridades do art. 478 também são aplicáveis ao processo coletivo (STJ, REsp 1.522.645/SP, Segunda Turma, Relator Ministro Herman Benjamin, DJ 21.05.2015).

3 O exame para reconhecimento de escritos (técnica grafológica)

A autenticidade da letra ou firma deve ser avaliada pela técnica da grafologia. O perito poderá requisitar documentos existentes em repartições públicas, para que ele possa comparar o documento objeto da prova com outros documentos já firmados pela parte ou por pessoa a quem se atribui a autoria da assinatura. O art. 174 do Código de Processo Penal regulamenta as mesmas hipóteses elencadas no Código de Processo Civil.

A questão de o juiz determinar que o sujeito escreva em folha de papel, "por cópia ou sob ditado, dizeres diferentes, para fins de comparação" (art. 478, §3º, CPC) tem duvidosa validade em face do princípio da não incriminação (*nemo tenetur se detegere*). Tratando-se de processo penal, evidente que o art. 174 do CPP não foi recepcionado pela Constituição, não sendo permitida a determinação para que o suspeito produza prova que possa ser usada contra ele. Na hipótese do processo civil, ponderado o princípio da cooperação e o da comunhão da prova (art. 77, I, CPC), ainda existem regras de exclusão – por exemplo, os arts. 388, 404 e 448 do CPC. Em casos que tangenciam a possibilidade de o indivíduo ou sua família sofrerem sanção criminal, incabível a determinação para que ele lance firma ou escritos de próprio punho. Não sendo o caso de potencial incriminação, o sujeito tem obrigação (não o mero ônus) de fornecer a prova ao processo.

Art. 479. O juiz apreciará a prova pericial de acordo com o disposto no art. 371[1], indicando na sentença os motivos que o levaram a considerar ou a deixar de considerar as conclusões do laudo[1.1], levando em conta o método utilizado pelo perito[1.2].

1 O mito da supremacia semântica e epistêmica da perícia

A ciência não é um corpo enciclopédico de conhecimento sobre as leis universais, antes consiste em um autêntico processo de proposição e refinamento de explicações teóricas sobre o mundo, sujeitas a subsequentes contestações e a novos achados. As concepções categóricas tanto para demarcar a ciência ou a técnica, quanto para assinalar o que deve ser reputado importante abstratamente, esbarram em um contexto da realidade que muda desde o turno da manhã até o período da noite.

Em termos de processo civil, a dogmática assinala duas causas para a "falta de controle adequado" da perícia judiciária: (a) a forma de eleição do perito oficial e o depósito retórico do argumento de autoridade no trabalho oficioso desse profissional e (b) a *mitificação da ciência*. Conforme a tradição dos Estados Unidos, que mais evolui no controle da perícia judiciária, a nomeação do profissional científico é incumbência das partes, razão pela qual se desenvolveram critérios para separar o "paradoxo pericial" e a "falsa perícia" do certame processual civil. Em razão do procedimento de nomeação, não se enxerga o *expert* como um auxiliar imparcial do juiz. Ele é visto como um advogado na matéria especializada. Então, sem a presunção de imparcialidade, "as cortes norte-americanas historicamente buscaram mecanismos de controle, que evitassem que pseudociências chegassem ao conhecimento dos jurados e os influenciassem de forma contrária àquilo que fosse comprovadamente testado, avaliado e efetivamente considerado ciência". A nomeação do perito de *confiança do juízo e a mitificação da ciência* compõem uma caixa de pandora que deve ser escrutinada pelo operador jurídico. Diogo Assumpção Rezende de Almeida acentua que a prova técnico-científica tem lugar para o acertamento dos fatos sobre os quais é necessário conhecimento especializado e não jurídico, o qual o legislador não exigiu do juiz. Como é uma espécie de saber que ignora na formação jurídica, o magistrado não se sente confortável para investigar métodos utilizados pelo perito nem se sente capacitado para indagá-lo sobre a forma com a qual chegou às conclusões. A barreira criada pela inserção da ciência e da técnica na perícia se torna intransponível pelo juiz, dando origem a um mito de certeza e de credibilidade àquilo considerado científico. Mitifica-se o que não se conhece (ALMEIDA, 2011, p. 77 e 79).

Segundo Marina Gascón Abellán, *"la importancia de las pruebas científicas en la práctica procesal no ha ido acompañada de un proceso paralelo de cautelas y controles en relación con las mismas"*. O simples fato de um teste científico ter sido elaborado por órgão oficial *não lhe confere a nota da infalibilidade*. Pelo contrário, salienta a autora, *"esta creencia ciega en la validez y valor de las pruebas científicas es algo que llama particularmente la atención si se considera que nada es menos 'científico' que asumir como válido un conocimiento sin un previo control de sus postulados ajustado a una metodologia científica"* (GASCÓN ABELLÁN, 2013, p. 182 e 185). O mito da supremacia semântica da prova científica decorre da "crença" na capacidade do profissional invidualizar ou customizar as respectivas conclusões, aliada a uma autorrestrição judicial que reflete uma jurisprudência defensiva.

Os avanços tecnológicos experimentados em todos os campos do saber são relevantes, eles descartam muitas hipóteses descabidas e apontam para as hipóteses mais prováveis, em termos de achados científicos ou técnicos. Contudo, não se chega ao ponto de igualar um relatório de "frequências" com a solução de "unicidade" para todos os casos que ocorrem na sociedade. Afinal, as evidências e dados examinados pelo perito devem ser valorados (devem ser interpretados) para, finalmente, haver a decisão e a conclusão discursiva explicitada no laudo. O perito entrega uma *opinião ao juízo*, ele "opina" sobre determinada fonte de prova. Se o auxiliar da justiça deve entabular sua impressão "humana", por mais qualificado que seja o currículo do perito, sempre haverá um ponto de marginalização do erro.

Em outras palavras, a supremacia da ciência no processo é um mito semântico, quando se fala no atingimento da verdade "única" e "individualizada" – porque a solução científica aponta probabilidades fundamentadas em interpretações humanas que também se valem das razões de verossimilhança. A defesa da infalibilidade com base no mito da supremacia da prova científica, segundo Gacón Abellán, também é devedora do imaginário popular, que tem sido alimentado pelo tremendo impacto de *"algunos booms televisivos como la norteamericana CSI (Crime Scene Investigation), que han generado una espécie de beatificación de estas pruebas"*. A massificação dessas séries, metade ficcionais e metade verídicas, com uma grande dose de romantismo, assegura um discurso de quase cega confiança na prova científica.

O problema do art. 479 do Código de Processo Civil é que não existe um dispositivo que diga, por exemplo, que o juiz não precise seguir o depoimento da testemunha ou não precise observar determinado documento. A alusão frontal ao dever de motivar para refutar a prova pericial acaba gerando o pensamento de que essa prova é diferenciada, trata-se de meio de prova especial em relação às demais. O dispositivo denota uma hierarquia inexistente entre os meios de prova, logo, essa regra deve ser interpretada de acordo com o sistema do livre convencimento motivado, no qual as provas não têm pesos pré-estabelecidos (ALMEIDA, 2011, p. 116). A questão da qualidade das provas é "gradual", não categórica (VÁZQUEZ, 2021, p. 243), o que *remete a perícia ao mesmo patamar dos demais meios de prova, devendo ser valorada individualmente e também conforme o contexto probatório apresentado* (modelo atomístico e modelo holístico de valoração em conjunto – um holismo-articulado).

1.1 O laudo como discurso que esclarece um *standard* científico ou técnico

A ligação entre a ciência e o processo estabelece três frentes de operações: (a) a delimitação do que é a *verdadeira* ciência que pode ser utilizada em um processo judiciário, com a decorrente exclusão da falsa ciência (*junk science*), fenômeno que assinala os critérios metodológicos consagrados no precedente Daubert; (b) os referidos critérios são reunidos em uma metodologia de trabalho a ser observado pelo perito e ficam sujeitos ao escrutínio judicial na fase de admissão e na valoração da prova; (c) o mecanismo de internalização da ciência no processo, seja por meio de um perito oficial, seja por intermédio de um perito escolhido pelas partes, devem sempre observar o contraditório forte *desde* a formação até a valoração dos movimentos periciais, com a revalorização da influência dos assistentes técnicos sobre o trabalho desenvolvido no processo.

O *laudo do perito se trata de um caso especial de discurso prático racional que reflete o trabalho científico do profissional.* Em um primeiro momento, o perito valora as fontes de prova que lhe são apresentadas. Em seguida, o profissional elabora o achado científico que distribui os riscos de erro do teste experimentado. *Vale dizer que esse momento da decisão pericial também acaba por definir o coeficiente de probabilidade da perícia (a ciência como um standard científico que possui limitações epistêmicas dentro do processo).* O mistério do achado pericial consiste em verificar com modéstia esse umbral para uma justa solução da demanda. Afinal, o perito fornece uma *opinião*, a qual se vale da regra prática de decisão que promete um coeficiente de probabilidade que pode ser debatido, entre as partes do processo, sem uma solução de intocabilidade.

Os assistentes técnicos trabalham em cima desse percentual de erro – ou *devem trabalhar em cima desse percentual de erro* (não sei se os profissionais se deram conta disso na prática e na teoria). Quanto menor o percentual de erro atribuído à determinada perícia, maior o ônus argumentativo para a tomada de decisão em face dos outros meios de prova (MEDINA, 2020, p. 780).

O Superior Tribunal de Justiça revelou que a perícia oficial não é categórica quanto ao resultado da demanda: "O laudo pericial do serviço médico oficial é, sem dúvida alguma, uma importante prova e merece toda a confiança e credibilidade, mas não tem o condão de vincular o Juiz que, diante das demais provas produzidas nos autos, poderá concluir pela comprovação da moléstia grave; entendimento contrário conduziria ao entendimento de que ao Judiciário não haveria outro caminho senão a mera chancela do laudo produzido pela perícia oficial, o que não se coaduna com os princípios do contraditório e da ampla defesa. A perícia médica oficial não é o único meio de prova habilitado à comprovação da existência de moléstia grave para fins de isenção de imposto; desde que haja prova pré-constituída, o Mandado de Segurança pode ser utilizado para fins de afastar/impedir a cobrança de imposto" (AgRg no AREsp 81.149/ES, Primeira Turma, Relator Ministro Napoleão Nunes Maia Filho, DJ 15.10.2013).

A tomada de decisão sobre as provas do processo subentende uma posição acerca dos *standards* de prova admitidos pelo direito. Ocorre que o fenômeno da *standardização* não é adstrito ao campo jurídico, no compartimento científico também existem *standards* do conhecimento que equivale a cada área da ciência ou da técnica (CASTRO, 2021, p. 186-187). A grande imprecisão dessa questão é que, para firmar os *standards* científicos ou técnicos, deveria haver uma "aceitação geral" dos profissionais respectivos à classe especializada, mas isso não acontece. De qualquer maneira, o julgador deve ter em mente que existem coisas "mais prováveis", "mais assentadas no conhecimento científico" do que outras ideias "menos consagradas". A vacina contra a poliomielite, contra o sarampo e os próprios medicamentos que combatem a SIDA, por exemplo, já estão dogmaticamente dominados pela "ciência normal". Uma patologia como a Hanseníase está praticamente extirpada da face da terra. Entretanto, pode eclodir uma pandemia como a de COVID-19 e não existir, até o momento, informações precisas – ou um *standard* científico "confiável" – que ajuste a média dos conhecimentos.

Sobre a COVID-19, matéria tremendamente atual, a cada semana existe uma novidade, em cada país existe a defesa de uma tese. Seja pela vacina, contra a vacina, pelo medicamento, contra o tratamento precoce, dentre tantas discussões. Um panorama que ilustra a visão de Carmen Vázquez, ao dizer que "a determinação do *standard* de prova jurídico pressupõe uma decisão de política pública sobre o benefício da dúvida que se pretende dar a cada uma das partes implicadas e, com isso, a distribuição que se busca obter do erro em um processo judicial. De seu turno, os *standards* de prova das diferentes áreas do conhecimento pressupõem também um determinado consenso na área respectiva sobre a divisão do risco do erro entre as diferentes hipóteses em jogo; entretanto, não se pode pressupor que o *standard* de prova da disciplina a que pertence o *expert* que participou do processo tenha que incorporar o mesmo nível de exigência que o *standard* de prova previsto para determinar a prova no processo. Ademais, o *expert* terá valorado as hipóteses com base em um conjunto de provas científicas ou técnicas, que não tem porque esgotar as provas disponíveis no processo, de forma que a satisfação do *standard* de prova jurídico supõe a valoração conjunta de todas as provas admitidas *em* juízo, não só a pericial (VÁZQUEZ, 2021, p. 466-467). Isso quer dizer que sobre o *standard* de prova científico se "sobrepõe" o *standard* de prova da tomada de decisão no processo judicial. O *standard* de prova no direito não leva em conta somente a perícia, mas considera a hipótese suscitada pela parte e o contexto probatório apresentado em confronto com a outra parte.

Um singelo exemplo facilita a compreensão dessa sucessividade de *standards* do conhecimento científico e jurídico. Imagina que um consumidor adquiriu um medicamento que apresentou algum defeito de fabricação, *como problema no invólucro ou erro de acondicionamento*. Segundo a perícia realizada no medicamento, o defeito apontado não seria capaz de afetar a saúde do paciente – em outras palavras, não existe um *standard* científico indicador de um defeito no conteúdo ou nas propriedades químicas do medicamento. O consumidor ajuíza uma demanda apontando a reclamação pelo mau acondicionamento do medicamento, porque, independente da discussão sobre vício do produto ou fato do produto, houve uma exasperação do dever de segurança que adensa a teoria da qualidade em direito do consumidor. Embora o *standard* científico não acuse problemas à saúde do sujeito, o *standard* jurídico admite que houve falha na segurança em relação ao produto e que deve haver a responsabilização civil, em decorrência da "preponderância mitigada das provas" exigível para caracterizar um *ilícito no direito do consumidor*.

Nesses termos que se consagrou a seguinte jurisprudência dominante no Superior Tribunal de Justiça: "A aquisição de produto de gênero alimentício contendo em seu interior corpo estranho, expondo o consumidor à risco concreto de lesão à sua saúde e segurança, ainda que não ocorra a ingestão de seu conteúdo, dá direito à compensação por dano moral, dada a ofensa ao direito fundamental à alimentação adequada, corolário do princípio da dignidade da pessoa humana. Hipótese em que se caracteriza defeito do produto (art. 12, CDC), o qual expõe o consumidor a risco concreto de dano à sua saúde e segurança, em clara infringência ao dever legal dirigido ao fornecedor, previsto no art. 8º do CDC. Na hipótese dos autos, ao constatar a presença de corpo estranho no interior de garrafa de refrigerante adquirida para consumo, é evidente a exposição negativa à saúde e à integridade física do consumidor" (REsp 1.768.009/MG, Terceira Turma, Relatora Ministra Nancy Andrighi, DJ 07.05.2019). No julgamento do precedente *Daubert* (43 F.3d. 1311, 1995), o magistrado Kozinski revelou que "não saber o mecanismo por intermédio do qual um determinado agente causa um efeito particular nem sempre é peremptório para o demandante. A causalidade pode ser provada mesmo quando não saibamos precisamente como o dano ocorreu, se há prova suficientemente convincente de que esse agente, de algum modo, causou o dano. Um método de provar a causalidade é a observação estatística. Se cinquenta pessoas que comeram em um restaurante em determinada manhã sofrem de envenenamento à noite, podemos inferir que sua comida provavelmente continha alguma coisa tóxica, mesmo que não exista qualquer prato disponível para análise". Quanto mais precisa uma perícia, é menor a margem de erro e maior o coeficiente de probabilidade científico (CASTRO, 2021, p. 183).

A tomada da decisão sobre as provas do processo não fica adstrita ao *standard* científico, mas deve levar em consideração o *standard* de prova jurídico – além da perícia (modelo atomista), deve ser valorado o contexto probatório (modelo holista) para chegar a uma decisão. Por isso a importância de salientar a diferença entre os *standards (científico de cada campo do saber profissional – e standard das ciências jurídicas)*, para que o julgador não fique "cego ou crente na categórica precisão da perícia para a resolução da causa".

1.2 A valoração da prova pericial

A valoração da prova consiste em um verdadeiro "processo" por intermédio do qual o juiz analisa e pondera sobre as evidências. Não se trata de marcar os olhos em um expediente burocrático e firmar conclusões automáticas sobre os acontecimentos. Ainda mais em se tratando da prova pericial, porque o juiz deve analisar como *gatekeeper* a relevância para a admissão da prova, já utilizando critérios para a demarcação da ciência ou da técnica, como também deve se valer desses critérios na fase de valoração da prova – a diferença é que a fase de admissão é categórica e a fase de valoração pondera "gradualmente" o peso das provas.

Alguma parte da doutrina acentua que os critérios ou *standards* elaborados a partir do precedente *Daubert* não seriam aplicáveis em direito brasileiro, porque foram pautados para o esquema procedimental dos Estados Unidos, em que o juiz togado meramente admite ou não admite a perícia, mas *o jurado leigo é quem toma a decisão a respeito da prova sem precisar fundamentar*. Essa mentalidade é duplamente equivocada. Em primeiro lugar, porque pensa no juiz brasileiro como se "ele fosse um juiz americano", que está inserido em uma cultura mais igualitária e não sofre pressões econômicas, políticas e sociais no momento de decidir casos mais ou menos *interessantes*. O juiz brasileiro sofre pressões de todos os tipos, sem estar devidamente blindado para se precaver dos vieses que lhe implicam. No mundo contemporâneo, em que os tribunais estão abarrotados de processos, os agentes públicos são bombardeados de informações de todos os tipos (advindas da internet) e o juiz de primeiro grau foi remetido a uma figura de "juiz instrutor" para as Cortes Superiores, *não causa espécie que um jurado americano reflita muito mais profundamente sobre um caso do que um juiz brasileiro*. Esse último não tem muito tempo para decidir e a "carreira" cobra dele somente agilidade nos julgamentos – não se cobra qualidade. É possível que um processo chegue ao Supremo Tribunal Federal com a análise das provas tendo sido feitas somente por um assessor. A realidade brasileira, em termos de direito probatório parece totalmente *estranha aos olhos dos glosadores e doutrinadores ora deslumbrados com a dinâmica dos precedentes*. Em segundo lugar, a imparcialidade do perito é um discurso proselitista que não resiste à própria heterogeneidade operativa dentre os membros de uma mesma classe de profissionais brasileiros. Os peritos que são agentes públicos explicitam vieses notórios. Por exemplo, não é necessário um profundo olhar crítico para concluir que um médico do INSS é tendente a não conceder atestado para o afastamento por doença ou invalidez. Tampouco se necessita de muita inteligência para notar que os profissionais que compõem um quadro de servidores efetivos elaboram perícias, antes por uma questão de hierarquia (a comando de algum superior) do que por uma questão de ciência. Em um país em que o mais célebre juiz da história determina a interceptação do telefone de um sujeito e, duas horas depois, comparece para prestar entrevista na televisão, alertando sobre o final da interceptação e permitindo vazar a conversa do sujeito com o Presidente da República, não se coloca em dúvida a suposta imparcialidade do "senhor perito oficial", mas a dúvida está sobre todos os agentes públicos, até sobre o juiz que transitou abertamente da suposta imparcialidade para a corrida política.

Será que a doutrina é tão idealista na figura do perito que chega a ficar cega à peculiaridade da rotina brasileira? Para encerrar esse duplo equívoco dogmático – de pensar que o jurado americano é mais influenciável do que o juiz brasileiro –, possível citar o estranho caso do Ministro do Supremo Tribunal Federal que faleceu em um acidente de avião. Curiosamente, tratava-se do Ministro prevento para julgar o caso mais emblemático da história do Judiciário e estava tomando posições no sentido da continuidade da operação. Desconsiderar a cultura é um "paradoxo doutrinário". Um caso que fez do Presidente um condenado à prisão, também fez do juiz adjudicador um candidato à Presidência da República. Toda essa brasilidade não afasta o dever de ter critérios tanto para admitir uma prova pericial, quanto para valorar essa prova, ainda que admissão e valoração sejam efetuadas pelo mesmo juiz. Se o jurado americano é blindado por uma cultura madura (ética, social, economicamente evoluída), o juiz brasileiro, que fica à deriva de interesses inconstantes, deve atender aos contrapesos firmados em critérios jurídicos quando valora a prova. *Do gatekeeper ao (autêntico) juiz instrutor para que os Tribunais possam tomar uma decisão constitucionalmente válida*, a dogmática não pode se furtar a essa transição cultural, que troca a nomenclatura do julgador, mas jamais esconde a fragilidade cognitiva de cada um deles, a depender da peculiaridade local (ainda mais no purgatório da beleza e do caos).

O problema da falta de uma criteriosa valoração da prova enseja muitas críticas, a ponto de José Joaquim Calmon de Passos frisar que "estamos todos acostumados, entretanto, neste nosso País, que não cobra responsabilidade de ninguém, a certos modos de dizer de magistrados levianos que fundamentam seus julgados com expressões criminosas como estas: 'atendendo a quanto nos autos está fartamente provado', 'considerando a robusta prova dos autos', 'atendendo ao que disseram as testemunhas' e a outras leviandades dessa natureza, que, se fôssemos apurar devidamente, seriam, antes de leviandades, demonstrações flagrantes de arbítrio e de desprezo à exigência constitucional de fundamentação dos julgados, uma bofetada na cara dos 'cidadãos de faz-de-conta' que somos quase todos nós" (PASSOS, 2005, p. 39). A jurisprudência defensiva que repete e repete e repete que o "perito oficial tem supremacia sobre o assistente técnico", porque a evolução dos critérios do precedente *Daubert* não seria aplicada em direito brasileiro, fenece institucionalmente, com o julgamento recentemente proferido pelo Supremo Tribunal Federal no RHC 206846/SP (DJ 30.09.21). O Ministro Gilmar Mendes concluiu: "Como teses prospectivas em relação ao reconhecimento pessoal no processo penal, concluo, inspirado nos enunciados decididos pela Sexta Turma do STJ no HC 598.886: 1) O reconhecimento de pessoas, presencial ou por fotografia, deve observar o procedimento previsto no art. 226 do Código de Processo Penal, cujas formalidades constituem garantia mínima para quem se encontra na condição de suspeito da prática de um crime e para uma verificação dos fatos mais justa e precisa. 2) A inobservância do procedimento descrito na referida norma processual torna inválido o reconhecimento da pessoa suspeita, de modo que tal elemento não poderá fundamentar eventual condenação ou decretação de prisão cautelar, mesmo se refeito e confirmado o reconhecimento em Juízo. Se declarada a irregularidade do ato, eventual condenação já proferida poderá ser mantida, se fundamentada em provas independentes e não contaminadas. 3) A realização do ato de reconhecimento pessoal carece de justificação em elementos que indiquem, ainda que em juízo de verossimilhança, a autoria do fato investigado, de modo a se vedarem medidas investigativas genéricas e arbitrárias, que potencializam erros na verificação dos fatos". *Se isso não é considerar a epistemologia e a sistemática americana para tomar decisão sobre evidências, o direito probatório brasileiro está totalmente à deriva.*

Como resultado imediato desse entendimento, decorre a necessidade de uma postura séria e profissional do Judiciário na valoração da prova pericial. "A principal consequência de *Daubert* consistiu no fato de que não mais caberia ao juiz reportar-se ao *ipse dixit* dos cientistas, devendo exercitar, na ótica particular da reconstrução dos fatos no processo, um próprio e direto controle sobre a confiabilidade do instrumento científico-técnico empregado" (KNIJNIK, 2017, p. 80). A valoração da prova pericial resolve se o *especialista dispõe do conhecimento para analisar as fontes da prova e se o método empregado reflete uma ciência qualificada.* Os critérios ou *standards* que devem ser levados em conta na valoração da perícia abarcam diversos aspectos: (a) o cabimento da perícia para a resolução da questão ou a relação dinâmica entre a fonte de prova a ser examinada e os possíveis achados científicos consagrados ou possíveis; (b) a testabilidade da metodologia empregada, no sentido de ter havido uma prática que já conseguiu chegar a bons resultados perante o problema ora estudado; (c) a evolução da ciência subentende a possibilidade do erro, que é inversamente proporcional ao grau de probabilidade de acerto no achado; (d) a confiabilidade no trabalho desenvolvido chega a ser uma decorrência da probabilidade, que denota a consagração do método em outros experimentos, processuais ou extraprocessuais; (e) a revisão pelos pares ou a aceitação pela comunidade científica atribuem densidade científica ao ofício, alavancando qualitativamente o emprego do método; (f) isso remete a um esperançoso aproveitamento do método e à possibilidade de verificar se as técnicas e instrumentos utilizados estão calibrados e preenchem os requisitos pertinentes para efetuar a perícia; (g) a preservação da cadeia de custódia e os protocolos de segurança asseguram o procedimento, sem desvios ou vieses pessoais, ainda que inconscientes; (h) o modelo dialógico-responsivo, pelo qual o perito deve ter seriedade ao responder a todos os ataques aos seus argumentos e práticas, refutando ou aceitando, com pertinência, conteúdo e pontualidade as questões suscitadas; (i) um programa de integridade junto ao órgão judiciário, que respalde a qualificação dos profissionais cadastrados no CPTEC, organizado pelo Conselho Nacional de Justiça (Resolução 233/2016); (j) a técnica processual que permite a presença do perito em audiência, a determinação por uma segunda ou terceira perícia, a realização da *witness conference* ou *hot tubbing*, bem assim a plena possibilidade de interlocução entre os assistentes técnicos e o perito; (k) a revalorização do trabalho desempenhado pelos assistentes técnicos, porque eles têm um compromisso epistêmico no processo e também contam com um compromisso ético decorrente do seu juramento profissional, apenas se diferenciam do perito oficial ao desempenharem uma função com um *mindset approach* peculiar; (l) a experimentação deve levar em conta uma amostragem consistente, seja em termos quantitativos e qualitativos, observando a comensurabilidade dos eventos investigados que possam variar ao largo do tempo; (m) a clareza, precisão e congruência do laudo e dos pareceres técnicos, enquanto discursos que refletem a completude do trabalho desenvolvido e não podem abarcar contradições internas e contextuais; (n) a possibilidade da Instância Superior cassar ou revisar a valoração da prova, tendo em vista que o juízo de valor pautado em critérios não é tarefa adstrita ao juiz de primeiro grau.

A doutrina assenta que "não menos relevante do que ter em mente a falibilidade da ciência e a natureza de hipótese das leis científicas é saber que a utilização correta do método é indispensável para a obtenção dos resultados indicados durante a pesquisa e fase de testes empíricos. Deve ser aplicado o método experimental adequado, considerando-se a população tomada como referência" (ALMEIDA, 2011, p. 83).

O processo não permite uma divagação interminável a respeito do método. Ocorre que os achados científicos são baseados em dados e amostragens que antecederam o processo, portanto, esse paradigma deve ser considerado na realização da perícia, tendo em vista as regras processuais. Desde a década de 1990, o juiz é reputado *gatekeeper*, mas atualmente pode ser denominado *town manager*, na medida em que os *standards* para a valoração da perícia são pautas mais complexas a serem exploradas em contraditório processual e passíveis de escrutínio judiciário. O magistrado não pode refutar a perícia com o fundamento de não concordar com o resultado, porém, ele deve criticamente analisar a questão metódica alicerçada nos *standards* epigrafados. O Ministro Luiz Fux, no voto-vista proferido nos autos do RExt 363.889/DF (Pleno, DJ 15.12.11), esclarece que o método e a técnica devem ser utilizados de maneira apropriada: O exame de DNA, "que ostenta a natureza de prova estatística, é dotado de ampla aceitação na comunidade científica e de altíssimo grau de probabilidade de acerto, mencionado pelos estudiosos do tema como de 98-99% de chance de alcançar um resultado que corresponda à verdade. No entanto, a verdade é que os índices abstratos de acerto do teste de DNA, para que se reflitam em uma prova técnica realizada em um processo judicial, dependem da confiabilidade *in concreto* do método científico realizado pelo laboratório especificamente designado pelo magistrado para a feitura do exame. No direito norte-americano, por exemplo, há propostas concretas de submissão de todos os laboratórios que realizam o exame de DNA a uma comissão de controle de qualidade, tal como sugerido pelo Conselho Nacional de Pesquisas dos EUA. E isso se justifica pelo risco de falhas no resultado do exame em função (i) da inadequação do recipiente para armazenamento do material coletado – sangue, pele, raiz de cabelo, espermatozóide, células da boca, urina ou cromossomo sexual –; (ii) da identificação correta do titular dos dados; (iii) de reagentes químicos eventualmente deteriorados; (iv) de excesso de temperatura no processamento, etc.". O Ministro prossegue alertando, "para que o exame de DNA seja admissível em um processo civil cercado por todas as garantias fundamentais previstas na Constituição, não basta que, na teoria, o método científico seja dotado de tal ou qual grau de confiabilidade. É preciso que o perito responsável pela realização do exame, no caso concreto, explicite o índice de acerto de que são dotados os seus particulares instrumentos e materiais técnicos utilizados na produção da prova, a exemplo das condições dos laboratórios – públicos ou privados – e da capacitação pessoal dos agentes envolvidos na interpretação dos resultados. Só assim, com a demonstração do grau de confiabilidade da prova técnica *in concreto*, é que o exame de DNA poderá ser tido pelo julgador como apenas um dos elementos para a formação de sua convicção sobre os fatos controvertidos, sem que se possa vedar a possibilidade de refutação de seu resultado pela produção de contraprovas, inclusive de igual viés técnico, submetido todo o material da instrução ao livre convencimento motivado do juiz".

A valoração "individual" (ou modelo "atomístico") da prova pericial é cotejada por esses *standards* exemplificativos e flexíveis, que denotam a qualidade da ciência ou técnica. A perícia judiciária não tem prevalência sobre os demais meios de prova. A valoração "individual" deve ser confrontada com a valoração "individual" dos outros meios de prova, assim como o juiz deve valorar o contexto total das provas e motivar a tomada de decisão. "*Y analisada cada prueba por separado, deberá establecer finalmente qué le merece más crédito, si el dictamen pericial o el resto de pruebas. Es muy difícil que todas las pruebas practicadas tengan un resultado intachable, por lo que siempre habrá alguna que quede en segundo lugar en el juicio de credibilidad*" (NIEVA FENOLL, 2010, p. 304). O modelo híbrido de valoração consiste no exame completo do contexto probatório, sopesando os meios de prova e motivando a decisão.

Art. 480. O juiz determinará, de ofício ou a requerimento da parte, a realização de nova perícia quando a matéria não estiver suficientemente esclarecida[1].

§1º A segunda perícia tem por objeto os mesmos fatos sobre os quais recaiu a primeira e destina-se a corrigir eventual omissão ou inexatidão dos resultados a que esta conduziu[1.1].

§2º A segunda perícia rege-se pelas disposições estabelecidas para a primeira.

§3º A segunda perícia não substitui a primeira, cabendo ao juiz apreciar o valor de uma e de outra[1.2].

1 O esclarecimento suficiente (*standard* científico)

A ciência é uma empresa pragmática que esbarra em limitações humanas e tecnológicas. Um rigor metodológico não é suficiente para resolver todos os problemas colocados em experimentação. *Isso fica ainda mais evidente ao posicionar a ciência para dentro do processo.* Se o ambiente natural da ciência é o laboratório, o consultório médico, a obra de construção civil e os cálculos do engenheiro, os tubos de ensaio e o microscópio do geneticista, dentre outras modalidades, evidente que *as regras processuais pautam um obstáculo à plenitude das observações científicas e técnicas.*

Danilo Knijnik assinala que "uma teoria jurídica da avaliação pericial depende de vários fatores, muitos dos quais relacionados a cada ordenamento particular, como função social do processo, papel dos fatos no processo, posição das partes quanto à disposição do material processual, papel dos peritos perante a sociedade e o uso de peritos ao longo da história" (KNIJNIK, 2017, p. 123). A perícia apresenta dentro do processo um *retrato da ciência ou da técnica*, porque o regulamento do processo implica limitações epistêmicas, sociais, éticas e jurídicas. Não se trata de uma ciência ou técnica livre. O Código de Processo Civil condiciona a realização de nova perícia quando a matéria não estiver "suficientemente esclarecida" (art. 480, *caput*). A suficiência do esclarecimento configura o preenchimento do *standard* científico dentro do processo, quer dizer, o *grau de corroboração do meio de prova pericial para que o achado seja reputado esclarecido* (CASTRO, 2021, p. 127), levando em conta as limitações decorrentes do sistema jurídico. Ainda que sempre exista uma margem de erro em toda a perícia ou em toda a decisão que envolva provas, o grau de probabilidade pode ser anotado como "suficiente", na medida em que o espectro de confiabilidade supera o *déficit* da incerteza em um grau razoável. O dispositivo comentado fala sobre o *standard* científico, inerente à prova pericial analisada atomisticamente.

O *standard* científico é diferente do *standard* jurídico de prova – o *standard* jurídico se reporta ao contexto probatório (avaliação holística). A ciência *não* trabalha no modelo "tudo ou nada" em seus experimentos metaprocessuais. Quando colocada para dentro do processo judiciário, entretanto, é notório que a ciência, além de manter os respectivos limites epistêmicos, fica sobrecarregada pelos condicionamentos institucionais atinentes ao processo judiciário. Michel Foucault salienta que a perícia médica-legal se trata de um umbral entre o ato médico e o ato judiciário, pois não encerra a natureza pura de um ato judiciário, tampouco de um ato médico, antes é uma junção deturpada. "Parece-me que o exame médico-legal, tal como o vemos funcionar agora, é um exemplo particularmente notável da irrupção ou, mais verossimilmente, da insidiosa invasão da instituição judiciária e da instituição médica, exatamente na fronteira entre as duas, por certo mecanismo que, justamente, não é médico e não é judiciário. Se falei tão detidamente do exame médico-legal, foi para mostrar, de um lado, que ele fazia a junção, que ele cumpria a função de costura entre o judiciário e o médico. Mas tentei o tempo todo mostrar a vocês como ele era estranho, tanto em relação à instituição judiciária como em relação à normatividade interna do saber médico; e não apenas estranho, mas ridículo. O exame médico viola a lei desde o início; o exame psiquiátrico em matéria penal ridiculariza o saber médico e psiquiátrico desde a sua primeira palavra. Ele não é homogêneo nem ao direito nem à medicina. Embora tenha na junção de ambos, embora tenha na fronteira de ambos, um papel capital para o ajuste institucional entre um e outra" (FOUCAULT, 2002, p. 51). O *standard* de prova científico em sua medida *reversa*, ou seja, considerando a insuficiência da prova pericial para o esclarecimento de questão, é que justifica a realização de uma segunda ou terceira perícia. A necessidade de uma nova perícia fica ainda mais saliente no cotejo do método utilizado em relação à narrativa do perito, que deve ser convincente e consistente, a ponto de afirmar a suficiência do esclarecimento. Um aproveitamento parcial da perícia ou a insuficiência estrutural do experimento justificam a determinação de uma nova perícia. A segunda perícia examina as fontes de provas que também foram examinadas na primeira perícia, para esclarecer o que ficou pendente.

1.1 A segunda ou a terceira perícia (em busca da suficiência para corroboração das hipóteses)

A insuficiência dos esclarecimentos é notadamente apreciada em vista do dever narrativo do perito em confronto com a metodologia empregada. Os fatores decorrentes do precedente *Daubert* pautam o juízo de valor que não se reporta unicamente ao resultado da perícia, mas ao caminho percorrido para resultar no experimento.

A refutação da perícia e a necessidade da segunda perícia são consistentes quanto mais efetiva for a participação dos assistentes técnicos na produção da prova, criticando, fiscalizando, alertando e contrapondo informações àquilo que foi examinado pelo perito nomeado pelo juízo. *Não basta uma parte ou o juiz não gostar do achado da perícia para que seja pautada uma segunda ou terceira perícia.* A designação de um novo ato é coisa séria e deve estar fundamentada em circunstâncias que apontem para algum ruído metodológico que tenha sido praticado anteriormente.

Luigi Lombardo revela que o livre convencimento motivado deve ser produto de progressiva contribuição dialética das partes e dos assistentes técnicos (LOMBARDO, 2002, p. 1118). Por intermédio do contraditório abalizado pelos *standards* de controle da valoração da prova pericial que se demonstra, ao juiz, a necessidade de uma nova perícia – isso quando ele mesmo não chega à conclusão de que a primeira perícia foi deficiente, somente pode ser aproveitado parte do trabalho, quando houve defeito da técnica, dentre outros aspectos que falseiam a fiabilidade do trabalho desempenhado.

A insuficiência dos esclarecimentos pode levar em conta a valoração atomística da perícia, bem como excepcionalmente pode confrontar a prova com o contexto de evidências juntadas no processo. Com efeito, a valoração holística ou modelo abrangente de valorar o contexto probatório também pode assinalar que algo de errado ocorreu na perícia judiciária. Inclusive, esse fenômeno é bastante comum em casos repetitivos, que reiteram as mesmas provas no Judiciário e a questão seja do próprio conhecimento do juízo.

Na hipótese de vários processos em que se demandam o reconhecimento do desvio de função e a concessão de adicional de insalubridades a auxiliares de enfermagem, em municípios em que essa classe desempenha funções idênticas às desenvolvidas pelas técnicas de enfermagem, pode ocorrer de haver dez peritos do município que reconheçam esse desvio de função e ainda confiram o adicional de insalubridade no patamar máximo, assim como também pode existir um ou outro perito que não reconheça essas pretensões. Nesse caso, alicerçado em outras provas trazidas ao processo, como a prova testemunhal e a própria inspeção judicial, é possível verificar que a perícia foi insuficiente para retratar a situação laboral de auxiliar de enfermagem.[26]

No contexto probatório, a valoração híbrida revela que a perícia é insuficiente para o esclarecimento da questão e o juiz pode se valer de outras provas para decidir ou para determinar uma segunda ou terceira perícia. Sobre o tema da valoração conforme o contexto, o Superior Tribunal de Justiça decidiu: "É de se destacar que o juiz não está adstrito às conclusões da perícia técnica, podendo se pautar em outros elementos de prova aptos à formação de seu livre convencimento, e está autorizado a concluir pela incapacidade laborativa fundado no conjunto probatório produzido nos autos e nas particularidades do caso concreto" (AgRg no REsp 1.561.770/PB, Primeira Turma, Relator Ministro Sérgio Kukina, DJ 18.04.2017).

A hipótese ressalta que o processo deve ter um final sem delongas. Em vista das circunstâncias, evidências em conjunto e fatores sociais, econômicos e jurídicos, o *standard* jurídico se sobrepõe ao *standard* científico e determina nova perícia. A segunda perícia pode ser efetuada pelo mesmo perito que trabalhou na primeira, embora não seja o mais indicado. O Código de Processo Civil somente prevê uma segunda perícia, mas o próprio sistema jurídico explicita a viabilidade de uma terceira perícia. O art. 180 do Código de Processo Penal dispõe que "se houver divergência entre os peritos, serão consignadas no auto do exame as declarações e respostas de um e de outro, ou cada um redigirá separadamente o seu laudo, e a autoridade nomeará um terceiro; se este divergir de ambos, a autoridade poderá mandar proceder a novo exame por outros peritos".

O Tribunal de Justiça do Rio Grande do Sul enfrentou o tema: "Estabelecida a contradição entre conclusões de dois laudos periciais, um excluindo o demandado da paternidade, impõe-se a realização de uma terceira perícia" (Apelação Cível, nº 593003882, Oitava Câmara Cível, Relator Desembargador José Carlos Teixeira Giorgis, DJ 11.03.1993). A terceira perícia consiste em uma verdadeira "prova sobre prova", na

---

[26] A solução que melhor instrumentaliza essa questão é o "incidente de coletivização da prova" reproduzido pela técnica do *multidistrict litigation* (MDL), já comentado anteriormente.

medida em que o foco do trabalho será esclarecer a divergência que houve entre as perícias anteriores. Os prazos e oportunidades para que os assistentes técnicos acompanhem a perícia devem ser renovados. A insurgência contra a determinação deve ser alegada em preliminar de apelo ou nas contrarrazões (art. 1.009, §1º, CPC).[27]

Ainda que o ordenamento preveja a sucessividade de perícias, o juiz ainda mantém a possibilidade racional de fundamentar a tomada de decisão em situação diversa, que, evidentemente, deve estar amparada no contexto probatório.

1.2 A coexistência das perícias realizadas

A segunda ou a terceira perícia não substituem a primeira. Não existe hierarquia entre perito oficial e assistente técnico, da mesma forma que não existe hierarquia entre os peritos nomeados pelo juízo. Porém, a atualidade de uma perícia ou a contemporaneidade de um exame tem muito mais vantagem que uma perícia antiga e defasada – ainda mais, quando são avaliados fatores da própria saúde humana.

Uma primeira alternativa para resolução do desencontro entre as perícias seria uma deliberação entre os profissionais, para que defendessem o ponto de vista ou chegassem a um consenso em autêntico *hot tubbing* (NIEVA FENOLL, 2010, p. 299). Não havendo ponto de convergência entre as perícias, o trabalho de cada um dos peritos deverá ser valorado, conforme os *standards* que pautam a ciência ou a técnica para dentro do processo. O juízo de valor deverá considerar a atenção que os peritos tiveram em relação ao método, a narrativa consistente e lógica prestada em laudo, a utilização de técnica

---

[27] Se uma prova existia durante a tramitação do processo, mas não foi apresentada por algum motivo razoável, isso pode fundamentar a ação rescisória (art. 966, VII). A prova "nova" é aquela preexistente ao processo cuja decisão se procura rescindir. Para além da questão da prova nova, em termos de perícia, pode ocorrer do "risco de desenvolvimento", ou seja, uma prova superveniente que empregue uma ciência ou tecnologia mais apurada que surgiu após o processo. Nesse caso, não se trata de rescindir a coisa julgada, mas relativizar a eficácia da decisão, porque fundamentada em uma preclusão dinâmica – afinal, o processo é produto da cultura, que se aperfeiçoa diuturnamente na sociedade da informação. Imagina o caso de uma perícia ambiental que tenha concluído que determinado produto não causaria danos ao ecossistema e a demanda foi julgada improcedente e as provas reputadas suficientes. Pode acontecer de surgir uma nova prova pericial ou técnica que permita concluir que aquele mesmo produto efetivamente cause danos ao ecossistema, então, permitindo-se ajuizar uma nova demanda como se fosse uma "ação revisional" (art. 493 do CPC) daquele estado de coisas que outrora não era possível avistar conforme a cultura média empregada. A reflexão tem implicações na "incomensurabilidade" de determinadas perícias, cujas técnicas são paulatinamente aperfeiçoadas.

contemporânea, a calibragem do material, a custódia e a suficiência das amostras, a incomensurabilidade do problema analisado, enfim, investigar criticamente os fatores que conferem fiabilidade à perícia judiciária. As perícias apresentadas, cada uma delas, devem ser levadas em consideração na valoração do meio de prova pericial. Se ainda houver dúvida ou fenômeno de insuficiência da corroboração, o trabalho pericial deve ser confrontado com as demais evidências do processo para a tomada de decisão sobre as provas.

REFERÊNCIAS

AFFONSO, Filipe José Medon. Diálogos entre direito civil e processual civil em matéria de negócios jurídicos: em busca da construção de um ordenamento unitário. *In*: CABRAL, Antonio do Passo; NOGUEIRA, Pedro Henrique (Coord.). *Negócios Processuais*, v. 1, Tomo 2. Salvador: JusPodivm, 2020. p. 87-108.

ALCOCEBA GIL, Juan Manuel. Los estándares de cientificidade como critério de admissibilidade de la prueba científica. *Revista Brasileira de Direito Processual Penal*, [S.l.], v. 4, n. 1, p. 215-242, jan./abr. 2018.

ALEXY, Robert. Uma teoria do discurso prático. *In*: ALEXY, Robert. *Teoria discursiva do direito*. Trad. Alexandre Travessoni Gomes Trivisonno. 2. ed. Rio de Janeiro: Forense Universitária, 2015. p. 35-71.

ALMEIDA, Diogo Assumpção Rezende. *A prova pericial no processo civil*: o controle da ciência e a escolha do perito. Rio de Janeiro: Renovar, 2011.

ARAÚJO, José Henrique Mouta; LEMOS, Vinicius Silva. *Procedimento comum no processo de conhecimento*. São Paulo: JusPodivm, 2021.

ARENHART, Sérgio Cruz. A prova estatística e sua utilidade em litígios complexos. *Revista Direito e Práxis*, Rio de Janeiro, v. 10, n. 1, p. 661-677, mar. 2019.

ARENHART, Sérgio Cruz. Decisões estruturais no direito processual civil brasileiro. *Revista de Processo*, v. 38, n. 225, p. 389-410, nov. 2013.

AVELINO, Murilo Teixeira. *O controle judicial da prova técnica e científica*. Salvador: JusPodivm, 2018.

BADARÓ, Gustavo Henrique. *Epistemologia judiciária e prova penal*. São Paulo: Revista dos Tribunais, 2019.

CABRAL, Antônio do Passo; ZANETI JR., Hermes. Entidades de infraestrutura específica para a resolução de conflitos coletivos: as claims resolution facilities e sua aplicabilidade no Brasil. *Revista de Processo*, [S.l.], v. 287, ano 44, p. 445-483, jan., 2019.

CAMPOS, Carlos Alexandre de Azevedo. *Dimensões do ativismo judicial do STF*. Rio de Janeiro: Forense, 2014.

CAPPELLETTI, Mauro. O processo civil italiano no quadro da contraposição "civil law" – "common law": apontamentos histórico-comparativos. *In*: CAPPELLETTI, Mauro. *Processo, ideologias e sociedade*. v. II. Trad. Hermes Zaneti Junior. Porto Alegre: Sergio Antonio Fabris Editor, 2010. p. 105-155.

CASTRO, Cássio Benvenutti. A tutela jurisdicional como polo metodológico do processo civil. *Revista dos Tribunais*, [S.l.], v. 107, n. 995, p. 439-474, set., 2018.

CASTRO, Cássio Benvenutti de. A legitimação pelo contraditório na realização da perícia: a necessidade de possibilitar a nomeação de assistente técnico. *Revista CEJ*, Brasília, ano XXV, n. 81, p. 45-56, jan./jun. 2021a

CASTRO, Cássio Benvenutti de Castro. *Standards de prova na perspectiva da tutela dos direitos*. Londrina: Thoth, 2021b.

CASTRO, Cássio Benvenutti de. Dano extrapatrimonial conglobante na perspectiva da Teoria da Qualidade em Direito do Consumidor (sistematizando a evolução do entendimento do STJ). *Direito em Movimento*, Rio de Janeiro, v. 20, n. 2, p. 82-110, jul./dez. 2022. Disponível em: https://www.emerj.tjrj.jus.br/revistadireitoemovimento_online/edicoes/volume20_numero2/volume20_numero2_82.pdf. Acesso em: 22 nov. 2022.

CHASE, Oscar G. *Direito, cultura e ritual*: sistemas de resolução de conflitos no contexto da cultura comparada. Trad. Sérgio Arenhart; Gustavo Osna. São Paulo: Marcial Pons, 2014.

CLERMONT, Kevin M. *Standards of Decision in Law*: psychological and logical bases for the standards of proof, here and abroad. Durham: Carolina Academic Press, 2013.

CONCEIÇÃO, Maria Lúcia Lins. Provas. *In*: ALVIM, Teresa Arruda (Coord.). *CPC em foco* – Temas essenciais e sua receptividade: dois anos de vigência do novo CPC. 2. ed. São Paulo: Revista dos Tribunais, 2015. p. 290-330.

CRETELLA JÚNIOR, José. *Curso de direito romano*: o direito romano e o direito civil brasileiro. 20. ed. Rio de Janeiro: Forense, 1997.

DONDI, Angelo. Problemi di utilizzazione delle "conoscenze esperte" come "expert witness testimony" nell'ordinamento statunitense. *Rivista Trimestrale di Diritto e Procedura Civile*, [S.l.], v. 55, n. 4, p. 1133-1162, dic., 2001.

EDINGER, Carlos. Cadeia de custódia, rastreabilidade probatória. *Revista dos Tribunais Online*, [S.l.], v. 24, n. 120, p. 237-257, maio/jun. 2016.

FAZZALARI, Elio. *Instituições de Processo Civil*. 8. ed. Trad. Elaine Nassif. Campinas: Bookseller, 2006.

FERREIRA, William Santos. A prova pericial no Novo Código de Processo Civil. *Revista do Advogado*, [S.l.], v. 35, n. 126, p. 204-209, maio, 2015.

FERRER BELTRÁN, Jordi. *Valoração racional da prova*. Trad. Vitor de Paula Ramos. Salvador: JusPodivm, 2021.

FOSTER, Kenneth R.; HUBER, Peter W. *Judging Science*: scientific knowledge and the Federal Courts. Massachusetts: MIT Press, 1997.

FOUCAULT, Michel. *Os anormais*. Trad. Eduardo Brandão. São Paulo: Martins Fontes, 2002.

FUGA, Bruno Augusto Sampaio. A produção antecipada da prova: aspectos gerais e natureza da sentença. *In*: FUGA, Bruno Sampaio; RODRIGUES, Daniel Colnago; ANTUNES, Thiago Caversal (Org.). *Produção antecipada da prova*: questões relevantes e aspectos polêmicos. 3. ed. Londrina: Thoth, 2021. p. 121-136.

GASCÓN ABELLÁN, Marina. Prueba científica. Un mapa de retos. *In*: VÁZQUEZ, Carmen (Ed.). *Estándares de prueba y prueba científica*: ensayos de epistemologia jurídica. Madrid: Marcial Pons, 2013. p. 181-203.

GASCÓN ABELLÁN, Marina. Prólogo à edição espanhola. *In*: VÁZQUEZ, Carmen. *Prova Pericial*: da prova científica à prova pericial. Trad. Vitor de Paula Ramos. Salvador: JusPodivm, 2021. p. 9-14.

GUASTINI, Riccardo. *Interpretare e argomentare*. Milano: Giuffrè, 2011.

HAACK, Susan. Defending science – Within reason. *Principia*, Florianópolis, v. 3, n. 2, p. 187-212, jan. 1999.

HAACK, Susan. Epistemology and the Law of Evidence: Problems and Projects. *In*: HAACK, Susan. *Evidence Matters:* Science, proof, and truth in the Law. New York: Cambridge University Press, 2014a. p. 1-26.

HAACK, Susan. Irreconcilable differences? The troubled marriage of Science and Law. *In*: HAACK, Susan. *Evidence Matters:* Science, proof, and truth in the Law. New York: Cambridge University Press, 2014b. p. 78-103.

HAACK, Susan. Peer review and publication: lessons for lawyers. *In*: HAACK, Susan. *Evidence Matters*: Science, proof, and truth in the Law. New York: Cambridge University Press, 2014c. p. 156-179.

IMWINKELRIED, Edward J., The Evolution of the American test for admissibility of scientific evidence. *Medicine, Science and the Law*, [S.l.], v. 30, n. 1., p. 60-64, Jan. 1990.

KUHN, Thomas. *A estrutura das revoluções científicas*. Trad. Beatriz Vianna Boeira e Nelson Boeira. 13. ed. São Paulo: Perspectiva, 2018.

KNIJNIK, Danilo. *Prova pericial e seu controle no direito processual brasileiro*. São Paulo: Revista dos Tribunais, 2017.

LANES, Júlio Cesar Goulart; POZATTI, Fabrício Costa. O juiz como único destinatário da prova (?). *In:* ARENHART, Sérgio Cruz; MITIDIERO, Daniel (Coord.); DOTTI, Rogéria (Org.). *O processo civil entre a técnica processual e a tutela dos direitos*: estudos em homenagem a Luiz Guilherme Marinoni. São Paulo: Revista dos Tribunais, 2017. p. 495-508.

LOMBARDO, Luigi. Prova scientifica e osservanza del contraddittorio nel proceso civile. *Rivista di Diritto Processuale*, [S.l.], v. 57, f. 4, p. 1083-1122, 2002.

LUNARDI, Thaís Amoroso Paschoal. Atos concertados entre juízes cooperantes como ferramenta adequada de gestão processual: uma possibilidade para a aplicação do multidistrict litigation no sistema brasileiro. *In*: ARENHART, Sérgio; MITIDIERO, Daniel (Coord.); DOTTI, Rogéria (Org.). *O processo civil entre a técnica processual e a tutela dos direitos* – Estudos em homenagem a Luiz Guilherme Marinoni. São Paulo: Revista dos Tribunais, 2017. p. 367-392.

MACCORMICK, Neil. Coerência, princípios e analogias. *In*: MACCORMICK, Neil. *Retórica e Estado de Direito*: uma teoria da argumentação jurídica. Trad. Conrado Hübner Mendes e Marcos Paulo Veríssimo. Rio de Janeiro: Elsevier, 2008. p. 247-276.

MAFFESSONI, Behlua. Convenções processuais em matéria probatória e poderes instrutórios do juiz. *In*: CABRAL, Antonio do Passo; NOGUEIRA, Pedro Henrique (Coord.). *Negócios Processuais*. Salvador: JusPodivm, 2020. p. 363-390.

MARINONI, Luiz Guilherme; ARENHART, Sérgio Cruz; MITIDIERO, Daniel. *Novo Código de Processo Civil Comentado*. 3. ed. São Paulo: Revista dos Tribunais, 2017.

MARINONI, Luiz Guilherme; ARENHART, Sérgio Cruz. *Prova e convicção*. 5. ed. São Paulo: Revista dos Tribunais, 2019.

MEDINA, José Miguel Garcia. *Código de Processo Civil Comentado*. 6. ed. São Paulo: Revista dos Tribunais, 2020.

NEVES, Daniel Amorim Assumpção. *Código de Processo Civil Comentado (artigo por artigo)*. 6. ed. São Paulo: JusPodivm, 2021.

NIEVA FENOLL, Jordi. *La valoración de la prueba*. Madrid: Marcial Pons, 2010.

PASSOS, José Joaquim Calmon de. *Comentários ao Código de Processo Civil*. v. 3 (arts. 270 a 331). 9. ed. Rio de Janeiro: Forense, 2005. 540 p.

POLANYI, Michael. *Science, faith and society*. London: Oxford University Press, 1946.

PONTES DE MIRANDA, Francisco Cavalcanti. *Comentários ao Código de Processo Civil*. v. IV. 3. ed. Rio de Janeiro: Forense, 1996.

POPPER, Karl Raymund. *Conjecturas e refutações*. 4. ed. Trad. Sérgio Bath. Brasília: Universidade de Brasília, 1982.

PRADO, Geraldo. *Prova penal e sistema de controles epistêmicos*: a quebra da cadeia de custódia das provas obtidas por métodos ocultos. São Paulo: Marcial Pons, 2014.

SÁNCHEZ-RUBIO, Ana. Os perigos da probabilidade e da estatística como ferramentas para a valoração probatória-jurídica. *Revista Brasileira de Direito Processual Penal*, [S.l.], vol. 4, n. 1, p. 183-214, jan./ab. 2018.

SCHAUER, Frederick. *Pensando como um Advogado*: uma nova introdução ao raciocínio jurídico. Trad. Rafael Gomiero Pitta. Londrina: Thoth, 2021.

SEARLE, John. *Mente, cérebro e ciência*. Trad. Artur Morão. Lisboa: Edições 70, 2019.

STEIN, Friedrich. *El conocimiento privado del juez*. Trad. Andrés De La Oliva Santos. Madrid: Editorial Centro de Estudos Ramón Areces, S. A., 1990.

TARUFFO, Michele. Senso comum, experiência e ciência no raciocínio do juiz. Trad. Cândido Rangel Dinamarco. *Revista Forense*, Rio de Janeiro, v. 355, p. 101-118, maio/jun. 2001.

TARUFFO, Michele. *A prova*. Trad. João Gabriel Couto. São Paulo: Marcial Pons, 2014.

TARUFFO, Michele. Statistics: notes about statistical evidence. *In*: ARENHART, Sérgio; MITIDIERO, Daniel (Coord.); DOTTI, Rogéria (Org.). *O processo civil entre a técnica processual e a tutela dos direitos* – Estudos em homenagem a Luiz Guilherme Marinoni. São Paulo: Revista dos Tribunais, 2017. p. 509-520.

VÁZQUEZ, Carmen. *Prova pericial* – Da prova científica à prova pericial. Trad. Vitor de Paula Ramos. Salvador: JusPodivm, 2021.

VIADA BARDAJÍ, Salvador. Necesarias medidas de compliance en el sector público. *In*: FRAGO AMADA, Juan Antonio (Dir.). *Actualidad Compliance 2018*. Cizur Menor: Thomson Reuters, 2018.

VITORELLI, Edilson. Levando os conceitos a sério: processo estrutural, processo coletivo, processo estratégico e suas diferenças. *Portal Unificado da Justiça Federal da 4ª Região*, [S.l.], 18 out. 2021. Disponível em: https://www.trf4.jus.br/trf4/controlador.php?acao=pagina_visualizar&id_pagina=2225. Acesso em: 17 out. 2022.

VITORELLI, Edilson. Raciocínios probabilísticos implícitos e o papel das estatísticas na análise probatória. *Revista de Processo*, São Paulo, v. 297, p. 369-396, nov. 2019.

Esta obra foi composta em fonte Palatino Linotype, corpo 10
e impressa em papel Pólen Bold 70g (miolo) e Supremo 250g
(capa) pela Artes Gráficas Formato.